도시의 양육자

도시의 양육자

아이와 함께 사는 삶의 기준을 바꾸다

이승훈 지음

아이와 양육자를 향한
찬란한 응원가

대부분의 사람들이 크고 작은 도시에 산다. 아이를 키우는 젊은 양육자는 더욱 그렇다. 학세권, 역세권, 숲세권, 놀세권을 찾아가며 도시로, 도시로 모여든다. 학령인구가 크게 줄었다고 하지만 여전히 도시에는 수많은 아이와 양육자가 있다.

그러나 아이 키우기에 좋은 환경을 마련해달라는 양육자의 요구에 도시는 적절한 해답을 내놓지 못하는 것 같다. 아마도 좋은 해답이 있었다면 인구절벽이라는 말은 더 이상 나오지 않았을 테다.

마음껏 뛰어놀기 어려운 딱딱한 공간은 아이를 지치게 하고, 바쁘게 돌아가는 도시에서 양육은 기쁨이 아닌 부담이라고까지 말하는 양육자도 있다. 아이는 지금 행복한가? 마음 터놓고 손 내밀 곳 없는 양육자는 어떤가?

서울 도시 한복판에서 우리가 일군 변화에 많은 관심을 받았다. 성공의 사례를 배우기 위해 여러 지자체와 기관에서 방문을 오기도 하고, 서울 다른 동네와 지방으로 강연을 가기도 했다. 감사하게 여러 상도 받았다.

나는 아이와 양육자가 함께 만드는 행복한 삶에 관해 더 많은 사람들과 나누고 싶었다. 이 책에서 나누는 이야기는 양육자에게 반성문이 되기도 하고, 공감과 위로가 되기도 하고, 따가운 채찍질이 되기도 하고, 몰랐던 아이 마음을 향한 미안함과 놀라움이 되기도 할 것이다.

이 책은 여러 가지 이유로 도시에서 사는 아이와 양육자들에게 바치는 이야기다. 아이와 함께 행복한 삶을 궁리하고 실천할 수 있다는 이야기다. 나는 책을 읽고 있는 독자가 살고 있는 바로 그곳에서 조금만 마음을 달리 먹고 변화한다면, 누구든 얼마든지 아이와 함께 행복한 삶을 살 수 있다고 말하고 싶다. 행복은 극적인 선택이 아닌 일상의 작은 선택으로 쌓이고 만들어진다. 아이와 함께하는 양육은 부모의 삶을 가득 채우는 일상이다. 일상 속으로 우리는 들어가야 한다.

자립적이면서 주변을 돌볼 줄 아는 아이, 스스로를 책임지면서 세상을 사랑할 줄 아는 아이로 자라기를 많은 부모가 바란다. 아이에게 다양한 경험을 하게 해주고 싶고, 단단하게 자라 넓은 세상으로 나아가기를 바란다. 그러나 아이는 자라는 동안 환경과 상황에 흔들리기 마련이다. 아이가 소중한 만큼 걱정 많은 양육자는 무언가 놓친 것은 아닐까 걱정하고 조급해한다.

그러나 어떤 뛰어난 부모라도 양육은 혼자서는 이룰 수 없다. 자신을 믿고, 아이를 믿고, 주변 사람과 협력해야 한다. 양육에는 자주성과 공생성이 더불어 중요하다. 사람은 스스로 서야 하지만 함께 살아야 하는 것처럼 양육도 마찬가지다. 다른 사람과 함께하면서 스스로가 누구인지 깨닫고, 자신이 지닌 더 큰 힘을 발견하기도 한다.

그리고 무엇보다 아이에게는 힘이 있다. 아이는 스스로를 돌보고, 서로를 돌보고, 세상을 돌볼 수 있는 존재다. 아이의 일상에 긍정적 경험과 생각이 싹을 터 자랄 수 있도록 충분히 믿어주고 기회를 주는 양육의 지혜가 필요하다.

아이와 함께 행복한 삶을 궁리하고 실천을 도모해보자. 양육자의 작은 움직임만으로도 아이의 삶과 가정에 변화가 움틀 수 있다. 그렇게 한 가정, 두 가정, 세 가정으로 퍼지며 더 많은 가정과 사람들이 구체적인 변화를 만들 수 있다.

양육자여, 아이와 함께 희망의 노래를 흥얼거리자.

이승훈

차례

아이와 양육자, 지금 생활에 만족하나요?

1장 "나는 잘하고 있는 걸까요?"
지금 불안한 양육자에게

2부

아이와 양육자는 무엇으로 성장하는가?

4장 **양육자가 5% 달라질 때 놀라운 일이 일어난다**

스스로를 돌보고,
서로를 돌보고,
세상을 돌보는 존재

나는 양육자의 작은 변화와 실천으로 아이의 삶과 삶의 터전이 새롭게 변화할 수 있다고 믿는다. 이 책을 통해서 내가 하고 싶은 말이다.

우리가 사는 도시에서는 양육자를 통상 부모로만 지칭하고 있다. 그러나 양육자를 부모로만 한정하는 것은 아주 좁은 해석이다. '교육의 3주체'라고 하면 '학생, 교사, 학부모'를 말한다. 좋은 교육을 위해 학생, 교사, 학부모가 함께해야 하듯이 양육도 마찬가지다. 양육은 교육보다 더 넓은 의미로 쓰이므로 양육에서도 다양한 주체들이 함께해야 한다. 한 사람의 변화와 성숙을 위해서는 학부모와 교사, 그리고 학생 본인 스스로가 양육의 과정에 함께 참여해야 한다.

우리는 오래도록 학생 즉, 아이 스스로가 양육의 주체라는 점을 간과해왔다. 아이에게 스스로를 돌볼 힘이 있다는 것을 인정하기 어려워했다. 아이를 돌봄의 대상으로 여기며 아이의 삶과 생활을 설계하고 이끌려고 노력했다.

이 책에서 앞으로 이야기하겠지만, 아이 내면에 있는 힘을 부모와 교사가 알아차릴 때 새로운 가능성이 열린다. 아이는 자신의 삶을 직접 기획하고 운영하며 친구들과 자연스럽게 어울려 놀면서 서로를 돌볼 수 있고, 성장과 변화를 스스로 움트게 할 수 있는 존재다.

양육자적 태도는 타고나는 것이 아니라
선택하는 것이다

나는 양육자를 부모와 교사, 학생이라는 교육 3주체를 넘어서 아이들을 만나는 모든 사람들로까지 확대해야 한다고 생각한다.

이 책에서 도시의 양육자란 크게 4가지로 나누어 볼 수 있다.

첫 번째, 도시의 양육자란 아이의 양육을 담당하며 이 도시에 살고 있는 부모를 말한다. 부모는 내 아이의 성장을 위해 책임감 있게 행동하는 사람이다. 독립적인 존재인 아이가 자신의 삶을 행복하게 살아갈 수 있도록 지지하고 돕는 사람이다.

두 번째, 도시의 양육자는 아이를 만나는 선생님이다. 교사는 아이를 가르치는 전문인으로서 학생을 마주하고 있는 한편 양육자로서 아이를 돌보는 중요한 한 사람이고, 아이가 살고 있는 터전을 따뜻한 공동체로 성장시켜가는 일을 해낼 수 있다. 학교 선생님 외에도 어린이집, 유치원, 지역아동센터, 청소년센터, 태권도학원, 피아노학원, 교회 선생님 등으로 양육자의 범위는 확장된다.

세 번째, 도시의 양육자는 아이 자신이다. 어른은 아이를 늘 돌봄과 배움의 대상으로만 취급하지만 아이는 스스로를 돌볼 수 있어야 한다. 또 아이는 친구를 돌보고, 이웃과 동네를 돌보고, 더 나아가 자신이 살아가는 터전인 환경과 지구를 돌볼 수 있는 힘을 지니고 있다. 스스로의 삶을 보살피고, 자신이 살고 있는 동네의 작은 변화를 궁리하고 실천하는 아이는 도시의 양육자라 할 수 있다.

마지막으로 부모, 교사, 아이라는 양육의 3주체 이외에도 도시에서 아이들과 함께 살아가는 사람들은 모두 도시의 양육자다. 도시는 어른들이 만들어놓은 세계다. 어른들이 살아가기에 효율적으로 설계되고, 틈 없이 바쁘게 돌아간다. 도시에는 아이들이 마음껏 뛰어놀고, 소리 지르고, 비와 바람을 즐기며 편안하게 숨을 쉴 제 마당이 거의 없다. 딱딱하고, 숨 쉴 틈 없이 바쁘게 돌아가는 도시에서 겁에 질린 양육자는 아이를 학교와 학원, 돌봄센터 등 건물 안으로 숨기기 바쁘다. 어린이를 부족하고, 불편한 존재로 여기며 노키즈 존이 필요 없는 곳에서조차 경계를 만들어내는 사람들도 있다.

그러나 아이와 양육자에게 힘이 되어주고, 아이를 환대로 맞이하는 도시의 어른들도 있다. 사람 간 정이 오가는 더 나은 사회를 위해서는 도시에 사는 사람 누구나 아이 곁에 서는 양육자적 태도를 필요로 한다.

나는 한때 공릉동 작은 아파트에서 살았다. 1층에 내려가면 놀이터가 있었고, 10층에까지 아이들의 웃음소리가 종종 들려왔다. 아이들은 웃음소리를 따라서 모여들었고, 길게 줄지어 늘어서서 자신들이 만든 특별한 게임을 즐겼다. 미소로 아이들을 지켜봐주는 어른들이 있어서 아이들은 그 공간이 늘 안전하다고 느꼈다. 1층 할머니가 아이들의 이름을 불러주면, 아이들은 할머니 곁에 가서 차례차례 앉았다. 할머니는 자신이 가꾸는 화단에 핀 꽃의 이름을 알려주고, 동네 아이들 이름을 한 명씩 불러주었다.

함께 돌보고, 아끼고, 책임지는 양육자적 태도는 타고나는 것이 아니라 선택하는 것이다.

아이와 양육자를 위한
5%의 작은 시작

세상은 급격하게 변화하고 있다. 아이는 시키는 대로 잘하는 사람이 아니라 주도적으로 생각하고 행동하는 사람으로 자라야 한다. 그러한 양육이 어떻게 가능한지 고민하고 실행해야 하는 중대한 시기를 우리는 살고 있다.

많은 사람이 기존의 양육방식과 경쟁교육 해법에 지쳐 있다. 그러나 새로운 대응책을 찾는 것도 쉽지 않아 더욱 지친다. 아이와 함께 혹독한 경쟁에서 살아남겠다는 선택지나 행복을 찾아 먼 나라로 떠나는 극적인 선택을 하지 않고도 작은 실천만으로 아이는 더 행복해질 수는 없는 걸까?

이 책에서는 100% 다른 길을 제시하지 않는다. 95%는 기존에 하던 것을 해가면서, 다만 5% 다르게 해보자는 제안이다. 학교 교육을 새롭게 변화시킬 수 없다면 방과 후에는 다르게 키울 수 있어야 한다. 매일 학원을 보내야 한다면 주말이라도, 아니면 방학 중에라도 아이가 자신 삶의 주인이 될 수 있는 경험과 기회를 주자는 것이다.

아이는 스스로 선택한 작고 구체적인 경험을 통해 좋은 삶을 위해 필요한 것들을 몸과 마음에 채우고 인간으로서 감각과 태도를 키울 수 있다. 한 인간의 좋은 삶을 위해서 필요한 호기심, 우정과 사랑, 책임감, 성취감, 용기, 이타심, 자립심, 협동심, 낙관과 의지, 끈기와 긍지 등을 마음에 채우는 것이다. 그러므로 부모 양육자는 아이 대신해주는 것이 아니라 아이가 스스로 할 수 있도록 지지하고 도와야 한다.

아이를 양육하는 과정에 부모는 홀로 분투하는 것처럼 느껴질 때가 있다. 그럴 때는 허리를 펴고 고개를 들어 주위를 둘러보자. 복잡하고, 삭막하게만 보이는 이 도시에는 비슷한 문제로 고민하는 수많은 사람들이 있다. 그중에는 아이와 함께 머리를 맞대고, 새로

16

운 해법을 모색하며, 자신과 이웃이 더불어 살아가는 삶의 터전을 따뜻하게 변화시켜 갈 양육자도 살고 있다.

양육자가 일상에서 작은 변화를 선택할 때 아이 삶은 바뀔 수 있다. 어떻게 5%의 작은 시작으로 양육자와 아이의 삶과 삶의 터전에 변화가 가능할까? 그 속으로 들어가보자.

1부

아이와 양육자,
지금 생활에 만족하나요?

아이는 시키는 대로 잘하는 사람이 아니라

주도적으로 생각하고 행동하는 사람으로 자라야 합니다.

그러한 양육이 어떻게 가능한지 고민하고 실행해야 하는

중대한 시기를 우리는 살고 있습니다.

1장

"나는 잘하고 있는 걸까요?"
지금 불안한 양육자에게

01

양육은
교육 더하기 ○○

양육과 교육은 다르다

·

양육은 교육 더하기 ○○이다.

교육에 더해질 것들은 사랑, 영양, 환경, 놀이, 안전, 돌봄, 경험, 도덕과 예절, 친구와 우정, 이웃과 사회, 삶에 필요한 감각과 기술, 태도 등 참으로 다양하다.

만족할 만한 성적과 입시 결과를 얻기 위해서라면 아이에게 더해져야 할 이 모든 것들을 포기할 수 있다고 말하는 양육자가 과연 있을까? 아마도 내 생각에는 단 한 명도 없을 것 같다.

그러나 우리 사회에서 양육의 성공은 곧 얼마나 좋은 대학에 보냈느냐 하는 것으로 확증되는 분위기가 있다. 그래서 많은 양육자는 교육과 양육을 헷갈려한다. 쇼핑하듯 학원을 찾고, 초등학교 저학년 때부터 유명 학원에 아이를 보내기 위해 줄을 서고, 학교 성적을 관리하는 데 모든 관심을 쏟아붓는 것이 양육자의 당연한 책무처럼 인식되고 있다. 아이뿐 아니라 부모까지 매달리는 과열된 입시 경쟁은 교육열이라는 근사한 말로 치장된다. 결국 '양육=교육(입시 결과)'이라는 등식을 자신도 모르는 사이에 내면에 지니게 된다.

교육과 양육을 딱 잘라서 구분하기 어렵지만 이제 막 태어난 아이에게 반드시 필요한 역할은 교육자이기보다는 양육자다. 양육자 부모는 아이의 생존과 성장, 발달을 위해 필수적인 요소를 살피고 본능적으로 사랑과 책임감을 가지고 돌본다. 출생 초기 부모와 애착관계에서 실패한 아이는 평생을 방황하며 살게 될 수도 있다. 부모의 따스한 양육 없이 좋은 교육은 불가능하다.

아이에게 필요한 것은 국어, 영어, 수학, 과학과 같은 교과목도 있다. 그러나 교과서만으로는 충분히 가르칠 수 없는 것들이 있다. 자유, 우정, 상생, 연대, 협동, 인생의 기쁨, 환희, 생태 감수성, 인권, 다양성, 관계, 정직, 성실, 주도성, 예절과 태도 등 배워야 할 것이 수없이 많다. 교육기관에서 학령기 아이 연령대에 맞는 필요 지식을 가르치지만, 아이에게 사람됨을 글로만 가르칠 수는 없는 일이다. 삶으로 경험해서 스스로 깨달아야 할 것들이 있다.

그래서 부모는 교육을 학교와 학원, 선생님에게만 맡겨둘 수 없다. 아이가 소중한 삶의 감각을 찾아갈 수 있도록 아이와 교사, 아이 곁의 다른 양육자와 함께 파트너가 되어서 협력해야 한다.

본문에 들어가기에 앞서 이 챕터에서는 우선, 교육에 더해 필요한 여러 요소 가운데 돌봄과 경험에 대해 이야기해보려 한다. 생활에 쫓기는 바쁜 부모가 아이를 양육하며 놓치기 쉬운 대표적인 2가지이기 때문이다.

양육은 교육 더하기 돌봄

교육은 매우 중요하다. 그러나 앞서 이야기한 것처럼 아이는 교육만으로 성장하지 않는다. 신뢰할 만한 양육자를 통해서 먹고, 입고, 품에 안겨 몸과 마음이 함께 자라야 한다. 돌봄이 필요한 것이다. 영유아기뿐만 아니라 초등학생과 중학생, 고등학생에게도 성장에 따른 돌봄이 필요하다.

그러나 그동안 아이 돌봄은 영유아기에 집중되어 있었고, 특히 부모의 개별적인 몫으로만 인식되어 왔다. 더욱이 초등학생 시기는 돌봄의 중요한 시기인데도 어린이집이나 학교교육만큼 중요하게 다뤄지지 않은 측면이 있다.

초등학교 2학년 지민이 부모는 맞벌이를 한다. 겨울방학 동안 지민이를 돌봐줄 곳을 찾아 부모는 돌봄센터와 학교돌봄에 신청을 했지만 아이를 보낼 수 없었다. 구청에서 아파트 공간을 리모델링해서 새롭게 문을 연 온종일 돌봄센터에서는 우선순위에 밀려 대기자가 되었고, 학교돌봄은 지민이보다 어린 아이들로 인원이 꽉차서 들어갈 수 없었기 때문이다.

대신 지민이는 부모가 모두 출근하고 나면, 매일 아침 8시 50분에 엄마가 싸준 간식 도시락과 학습지를 들고서 집 근처 청소년센터로 걸어간다. 지민이는 이곳에 오면 익숙한 듯 어린이도서관에서 책도 읽고, 학습지 숙제도 하고, 친구와 놀고, 가끔 이곳저곳을 기웃거리며 돌아다니다가 오후가 되면 요일별 시간표에 맞춰서 미술학원, 피아노학원, 태권도 도장에 간다. 학원에 다니는 중간 중간 시간이 빌 때면 다시 이곳으로 돌아와서 동네 언니, 오빠, 친구들과 함께 놀고, 도서관 자원 활동가 선생님들이 읽어주는 그림책 이야기를 듣다가 집으로 간다.

방학이 되면 지민이와 같이 아침 일찍 가방을 들고서 우리 건물인 청소년센터 1층 어린이도서관 문이 열리기를 기다리는 아이들이 있다. 부모가 모두 아침 일찍부터 저녁 늦게까지 직장에 나가야하는 가정의 아이들이다. 자녀를 맡아줄 적당한 돌봄기관을 찾지못한 부모는 아이가 혼자서 시간을 잘 보낼 수 있도록 스케줄을 짜주고, 밥과 간식을 준비하고, 아이가 혼자서도 잘할 수 있도록 용기를 북돋아준다.

주변에 아이가 편히 갈 수 있는 시설이라도 있다면 부모는 안심이 된다. 아이가 믿을 수 있는 어른들이 있는 공간에서 머물며 친구들과 어울려 놀고, 책을 읽고, 숙제를 하다가 시간이 되면 태권도 도장에도 가고, 피아노학원에도 다녀오라고 할 수 있다. 프로그램이 열리면 참여할 수도 있고 책모임 등 동아리활동도 있으니 아이가 자발적으로 참여하기도 좋다.

하지만 아이가 편하게 드나들 수 있는 시설이 집 가까이에 있는 도시의 양육자는 드물다. 어린 아이를 적절히 돌볼 마땅한 대책이 없을 때 양육자는 맥이 빠진다. 회사를 포기할 수도 아이를 포기할 수도 없는 상태에서 아이와 회사 모두에 집중하지 못하는 것 같아서 죄책감마저 든다. 도시에서 아이를 키우는 일은 부모만의 책임이고 누구에게도 기댈 곳은 없다고 생각한다. 삭막한 이 도시에서 내 아이 곁에 있어줄 사람이 없다는 서글픔마저 든다.

아직까지 많은 양육자가 학교돌봄, 지역아동센터, 다함께돌봄센터, 아이돌보미사업 등이 주는 혜택을 실감하기 어렵다고 말한다. 이유는 모든 어린이와 양육자에게 돌봄서비스가 제공되기에는 턱없이 부족하기 때문이다.

아이에게는 성장에 따른 돌봄이 반드시 필요하지만 부모도 사회도 채우지 못하는 빈 공간이 있다. 이러한 빈 공간을 어떻게 채워야 할까?

양육은 교육 더하기 경험

●

성인이 되기까지 아이는 부모의 돌봄과 교육을 필요로 한다. 하지만 누구나 양육 경험을 통해 알게 되는 중요한 사실 한 가지가 있다. 아이는 스스로 자란다는 것이다.

부모의 돌봄이 부족하고, 선생님이 잘못 가르칠 때도 있지만 아이는 대부분 잘 자란다. 그리고 아이가 자라는 속도는 생각보다 빠르다. 아장아장 걷고, 어리기만 하던 아이가 초등학교에 입학할 때는 안쓰럽기도 하지만, 어느새 아이는 훌쩍 큰다.

아이가 자라는 속도에 비해 부모가 아이를 대하는 속도는 더딜 때가 많다. 초등학교 4학년만 되어도 어른처럼 생각하고, 말하고, 행동하는 아이도 있다. 제법 똑똑하고 잘하는 것도 많아진다.

양육자는 이 시기 이후가 되면 지나치게 아이를 돌보려 하지 않아야 한다. 학습은 중요하지만 아이의 사생활 모두를 간섭하며, 지나치게 어린아이 취급하지 않았으면 좋겠다. 아이가 스스로 돌볼 힘이 생겨나면서 독립적인 마음이 커지고, 또래 안에서 새로운 사회적 역할을 배우고 찾아가야 할 때이기 때문이다.

모든 아이에게는 경험이 중요하다. 특히 온전한 발달을 위해 아이에게는 교육과 돌봄에 더해 경험이 더욱더 필요하고 중요하다. 내가 아는 어떤 현명한 양육자는 "돌보지 않으면서, 돌봐야 한다." 는 말을 했다. 그러한 양육의 지혜가 필요하다.

아이가 스스로 성장한다는 말은 혼자 자라도록 내버려두라는 말이 아니다. 양육자는 아이가 스스로 자랄 수 있도록 질 좋은 토양을 제공해주어야 한다. 마치 여러 생명체가 뿌리내리는 공터처럼 말이다.

아이는 스스로 선택한 경험을 통해서 단단하게 성장한다. 그러나 도시에 사는 아이는 숨 쉴 여유도, 스스로 경험을 만들어갈 공간도 부족하다. 주체적으로 생각하고 행동하는 경험을 하는 아이는 상대적으로 소수에 그친다.

아이가 자신의 뿌리를 내릴 수 있도록 어떻게 경험을 일깨울 수 있을까?

바쁜 부모의 빈자리를 채우는 돌봄 문제를 도시의 부모는 어떻게 지혜롭게 해결할 수 있을까?

다시 말하지만 양육은 교육 더하기 ○○이다. 아이들의 더 나은 삶과 미래를 위해서는 교육만 가지고서는 안 된다. 아이에게 필요한 것은 교육뿐만 아니라 돌봄, 경험, 관계, 놀이, 공간, 사회 제도 등 다양하고 복합적이다.

양육자의 관점과 태도가 조금만 변화하면 이 도시에서 살아가는 아이가 지닌 여러 문제를 해결할 수 있다. 우리는 지나치게 어른 중심의 양육 문화 속에 아이를 키우고 있다. 아이 중심의 양육 문화로 만들어가는 길에 대해 이야기해야 한다.

그 이야기의 시작은 양육자와 아이를 아는 데서 시작한다.

02

홀로 분투하는
도시의 부모

서울 지하철 아침 풍경

6호선 화랑대역에는 아침 일찍부터 사람들이 밀려들어갔다가 지하철을 타고 바삐 빠져나간다. 바쁘게 지나치는 사람들은 대부분 옆을 돌아볼 새 없이 걷는다. 어른들의 발걸음은 빠르고 그런 어른의 손을 잡은 아이의 작은 발걸음도 덩달아 총총거린다. 아이가 늑장을 부릴 새면 재촉하는 소리도 함께 들려온다.

내가 일하고 있는 화랑대역뿐만 아니라 다른 서울 지하철역 아침 풍경도 크게 다르지 않다. 정신없이 일터로 향하는 사람들로 북

새통이다.

서울뿐이겠는가? 대한민국 대부분의 사람들이 크고 작은 도시에 산다. 아이를 키우는 젊은 부모는 더욱 그렇다. 일터는 도시에 있고, 출근하기 용이한 장소에 아이의 학교와 집값까지 고려해서 살 곳을 마련한 가족은 해가 지면 집으로 모였다가 해가 뜨면 회사로, 학교로, 학원으로 도시 속 다른 건물로 들어가기 위해 집을 나선다.

내가 일하고 있는 서울 공릉동은 젊은 층 인구가 많다. 초·중·고등학교가 12개, 대학교는 4개나 있다. 일하는 부모, 청소년 인구, 영유아 인구도 다른 지역에 비해 높은 비율을 차지하고 있다.

도시에 살고 있는 부모의 일상은 녹녹하지 않다. 무엇보다 바쁘다. 그리고 불안하다. 아무 일 없는 것처럼 움직이지만 기진맥진해진 부모를 나는 여기저기서 만나고 있다.

건실한 회사에서 장기근속하고 있는 우혁 씨도 그랬다. 우혁 씨는 두 자녀를 키우는 아빠다. 회사에서 오랫동안 헌신적으로 일해 왔다. 일에서 큰 성취감을 느끼며 자부심을 가지고 살아왔지만, 자신이 쌓아오던 커리어와 전혀 상관없는 쪽으로 갑자기 인사발령이 났다. 혼란스러웠고, 정신적 스트레스가 찾아왔다. 그런데 마음의 쉴 곳이 되던 아이들조차 예전 같지 않았다. 아이들이 어릴 때는 다정한 아빠 역할로 오순도순 지내는 즐거움이 많았지만, 아이들이 초등학교 고학년에 들어서면서부터 자기주장이 강해졌고 자주 부

딧혔다. 우혁 씨는 자녀를 잘 살피고 돌볼 수 있는 자신감과 마음의
여유마저 사라졌다는 것에 자괴감에 빠져 우울증마저 앓았다.

왜 아이의 모든 변화를
'내 탓'하게 될까?

•

부모는 열을 다해 보살피지만 자라는 아이는 늘 크고 작은 고민
과 문제를 안긴다. 아이의 문제가 부모인 자신의 잘못에서 시작된
것만 같아서 눈물을 글썽이는 사람을 어렵지 않게 만날 수 있다. 아
이에게 좋은 것만 가르치고 싶고, 보여주고 싶고, 물려주고 싶은데
부모인 자신의 미숙함이 아이를 바르지 못한 길로 안내한 것만 같
아 마음 아파한다.

밝기만 하던 태주가 어느 날부터인가 입을 다물었다. 이것저것
물어도 아이는 말을 하지 않았다. 태주는 경우 씨의 아들이다. 가부
장적 양육전통을 이어받은 아빠 경우 씨는 다른 아이들은 모두 잘
자라고 있는데 내 자녀가 이런 상황에 있다는 것은 그냥 넘어갈 일
이 아니라고 봤다. 아이가 약하기 때문이라고 생각했다. 엄마가 허
용적으로 아이를 키워서 어려움을 극복할 힘을 잃었다고 생각하고
자녀에게 엄하게 호통치며 나무랐다. 하지만 아이는 점점 더 깊은
어둠 속으로 빠져들어갔다. 엄마는 자신과 남편이 무언가 잘못해서

태주가 어려움을 겪는 것만 같았다. 아이를 설득해서 병원에 가보려고도 했지만 완강히 거부하는 아이를 도울 방법을 찾을 수 없었다.

부모는 이런 상황이 되면 '내가 무엇을 잘못했지?' 하는 생각에 하루 종일 사로잡힌다. 생각을 거듭하다 내가 잘못한 것이 생각나면 아이에게 사과도 해보고, 눈물로 호소도 해본다. 어느 날은 설득하고, 윽박지르기도 한다.

모두 내가 잘못한 것 같다.

'내가 다른 선택을 했다면 어땠을까?'
'다른 사람을 만나게 했다면 어땠을까?'

머릿속을 떠나지 않는 생각이 맴돌며 자책한다.
'내가 무언가 잘못해서 아이를 훌륭하게 키우지 못하고 있다.'라는 생각은 스스로를 자꾸만 탓하게 만든다.

부모의 책임이 날이 갈수록 강조되고 있다. 그런데 아이의 작은 엇나감조차도 부모의 양육 실패로 인식하는 것이 옳을까?

혼자가 된 부모

•

부모에게는 양육에 대한 책임이 있다. 어린 아이를 정서적·지적·신체적으로 건강히 자라도록 살펴야 한다.

하지만 어디까지일까? 아이는 어린이집과 유치원, 학교 등 작은 공동체부터 시작하여 점점 더 큰 사회로까지 부모의 영역 바깥에서 경험하고 헤쳐나가야 한다. 부모는 아이의 성장을 돕는 존재이기는 하지만 아이가 경험할 세상일에 일일이 관여할 수도 없고 그래서도 안 된다.

아이가 자라며 생겨나는 문제들이 부모가 꼭 무엇을 안 해서 나빠지고, 무엇을 해서 나아지는 것일까? 사회 속에서 살아가고 자라는 인간인데 아이의 잘하고 못하는 일들이 온전히 부모만의 책임일까?

오늘날 부모들은 뿔뿔이 흩어져 원자화되어 있다. 한 마을 혹은 대가족이 아이들의 성장을 함께 책임지던 공동체 양육 환경에서 현대사회는 개인 부모의 역할과 책임을 강조하는 양육 환경으로 빠르게 바뀌었다. 예전에는 부모가 아이의 양육에 필요한 모든 것을 책임지지 않아도 조부모, 이모, 고모, 삼촌, 이웃 등 부모가 채우지 못하는 영역에 공백을 메워주는 사람들, 양육자의 역할을 자연스레 나누어가지는 사람들이 있었다.

부모 이외에도 관계를 맺을 수 있는 다른 사람들이 아이 곁에 있을 때는 양육 부담을 상당히 줄일 수 있다. 돌보는 사람들이 아이 주변에 함께 있다는 것은 부모에게만 유익한 것은 아니다. 아이 역시 다양한 역할과 소통 방식을 익힐 수 있고, 타인에 대한 신뢰를 넓힐 수도 있다. 자연스럽게 다른 사람과 어울려 함께 살아가는 세상을 배우고 한 사람의 사회인으로 자라는 것이다.

그러나 함께 돌보던 이웃은 파편화되고, 급기야 가족까지 해체되고 있다. 한집에 살고 있는 부부도 서로의 일을 덜어주고 아이를 함께 돌볼 수 있는 시간적 여유가 거의 없다. 아침에 일어나 아이를 채근해 깨우고 챙겨 유치원과 학교에 보내고 부모는 출근하기 바쁘다. 퇴근하고 집에 와도 떠나지 않는 일에 대한 생각과 쌓여 있는 집안일, 아이들의 숙제와 챙겨주어야 할 일들, 복잡하게 변해가는 교육과정과 치열한 정보싸움 속에서 아이의 고민을 진솔하게 나누고 마음을 돌보아주기란 쉽지 않다.

그 속에서 생겨나는 부모의 고민은 누구와 어떻게 나눌 수 있는가? 함께 돌보아줄 공동체가 사라진 빈 곳을 채운 건 돈을 내고 구매하는 프로그램과 서비스, 전문가들이다. 자녀 양육의 책임에서 자유롭지 않은 원자화된 부모는 자책하며 돌봄상품, 교육상품에서 제시하는 해법을 선택해서 구매한다. 가장 좋은 것을 아이에게 주고 싶어서, 후회하지 않기 위해서, 훗날 자녀의 원망을 듣지 않기 위해서라도 부모는 열심을 다해서 돈을 벌고 그 돈으로 최선이자 최고의 전문가에게 아이의 양육을 대행시키는 방법을 선택한다.

원자화된 도시의 부모는 자신을 위하여, 아이를 위하여, 더 많은 자녀 양육서비스를 구매하는 현명한 소비자가 되는 길을 택한다.

03

소비자가 되기를 선택하다

"선생님이 알아서 해주세요."
: 불안에 대처하는 경준이 부모

경준이 부모는 경준이가 초등학교 고학년이 되자 마음이 급해졌다. 초등학생 때는 마음껏 놀아야 한다는 교육관으로 자유롭게 키웠지만, 이제는 더 늦기 전에 무엇이라도 해야 한다는 주변 이야기가 달리 들렸다. 경준이 친구들을 보면 적어도 초등학교 고학년이 되면서부터는 방과 후에 기본으로 몇 가지 학원을 다니고, 밤 늦게까지 스터디카페에 머물기도 하고, 일부 과목은 과외를 받고 있었다.

경준이도 이번 겨울방학부터는 중계동 학원가에 있는 큰 학원에 등록했다. 초등학생과 중학생이 방과 후에 거의 매일 학원에 다니는 현상은 코로나 이후로 더 강화되고 있다.

아이들이 이전보다 학원에 더 많이 다니는 이유는 크게 4가지다. 첫째, 코로나시기에 학교가 온라인 수업을 하는 동안 '잘 사는 집 아이들은 더 많은 학원에 가고 집에서 과외를 받으며 학력 격차를 더욱 심하게 벌렸다.'라는 소식이 심심치 않게 들려온다. 부모는 집에서 컴퓨터만 하면서 시간을 보내는 자녀를 보면 불안해진다. 벌어진 학력 격차를 줄이고 싶다.

두 번째 요인은 아이러니하게도 중학교 1학년 자유학년제다. 자유학년제로 중학교 1학년 학생들이 시험을 치지 않기 때문에 부모는 더 불안해졌다. 자녀의 성적표에 점수와 등수가 명확히 나타나지 않으니, 아이의 수준을 도무지 알 수 없어 깜깜한 것이다. 시험이 없다고, 마음껏 놀게 두었다가는 나중에 낭패를 볼 수 있다고 주변 선배 학부모들은 경고했다. 시험이 없는 1학년 때 열심히 공부해서 2학년에 올라갔을 때 두각을 나타내야 한다는 것이다. 외고와 과학고, 명문 대학에 가려면 자유학년제 때가 기회라는 것이다.

세 번째 요인은 아이를 도와줄 주변 사람이 없다는 데 있다. 아이에게는 적절한 롤모델이 필요한데 부모는 바쁘고, 이미 커버린 아이에게 방향을 안내하고 생활을 통제할 적당한 기술과 능력이 양육자 스스로에게 없다고 느낄 때 부모는 학원 선생님을 찾는다.

공부도 공부지만 아이를 바른 방향으로 이끌어줄 한 사람으로 학원선생님을 생각하는 것이다.

마지막으로는 아이들의 요청이 있다. 성적이 떨어질까 봐 불안하기도 하지만, 또래 친구들은 다 다니는데 자신만 학원을 다니지 않으면 왠지 소외감이 드는 아이는 자진해서 부모에게 학원에 가고 싶다고 말한다. 누구는 몇 가지나 되는 학원을 다닌다고 비교하듯 이야기하면, 아이가 원하는 것은 무엇이라도 해주고 싶은 부모는 거절하기 어렵다.

아이 학업과 양육, 바쁜 생활 문제와 혼자서 맞서야 하는 부모가 불안을 떨쳐내는 방법은 소비자의 길에 서는 것이다. 무엇이든 구매할 수 있도록 상품을 만들고 구성하는 시대이니 돈만 있으면 아이 양육 문제도 쉽게 해결할 수 있을 것처럼 여겨진다.

'해결사'에게 아이를 맡기다

부모는 답도 없고 끝도 없는 양육 문제를 주변에서 도움받고 싶다. 그러나 친구나 이웃에게 털어놓아도 내 얼굴에 침 뱉기고, 자칫 나쁜 아이로 내 자녀가 인식될까 봐 걱정스럽다. 같은 이유로 학교 선생님에게 도움을 요청하는 것조차 쉽지 않다.

결국 양육에 자신감을 잃게 된 부모는 문제를 해결해준다는 전문가와 학원에 자녀를 위탁하는 방식을 선택한다. 텔레비전에는 연일 입시 전문가들이 나와서 아이와 부모를 상담하고, 입시 컨설팅을 한다. 아이의 문제 행동을 순식간에 교정하는 전문가들의 모습을 생생하게 보여준다.

한 달 안에 수학 성적을 몇 등급 올려준다는 놀라운 능력을 갖춘 학원 강사도 나온다. 불안한 부모는 내 아이 또래, 비슷한 행동 패턴을 보이는 아이들과 부모들에게 자연스레 감정이입이 된다. 미디어에 비춰지는 전문가들이 내 자녀의 부족한 부분을 채우고, 비뚤어진 문제를 모두 해결해줄 수 있다고 믿게 된다.

그러나 아이의 삶은 총체적이다. 상담전문가, 치료전문가, 학습전문가, 진로전문가 등의 개입은 대체로 한 부분에 집중되어 있어 당장은 해결되는 듯해도 장기적·근본적으로는 그 효과를 장담하기 어렵다. 부모보다 나은 전문가에게 맡겼다는 안도감을 선물받을 수 있지만 단지 불안한 부모의 눈앞에서 아이가 잠시 사라지는 것일 뿐일 때가 많다.

아이를 양육하면서 때에 따라서 다른 사람들의 도움은 필요하다. 하지만 얄팍하고 깊이가 없는 교육상품으로 부모를 현혹하는 경우도 있다.

아이가 세상에 뿌리를 내리고 단단하고 안정된 삶을 살기를 바라는 부모라면 가벼운 상업적 관계 속에서 아이가 떠다니는 것을 바라지는 않을 것이다. 아이는 무조건적인 사랑과 수용, 진실한 우정, 참된 스승, 따뜻한 이웃, 믿을 수 있는 관계, 친구들과 함께 목표를 이뤄가는 성취감 등 돈으로 살 수 없는 것들을 자양분으로 삼아서 자란다.

도시에서 아이들을 가장 환대하는 곳
피씨방, 학원, 마트

·

우리 동네 아이들에게 물었다.

"우리 동네에서 제일 친절한 곳이 어디야?"

나는 내심 내가 일하고 있는 청소년센터가 친절하다고 이야기해줄 것을 기대했다. 그런데 아이들의 대답은 달랐다.

"피씨방이요."
"진로마트요."
"우리 학원이요."

나는 순간 당황했고 헛웃음이 나왔다.

'아이를 소비자로 맞이하는 공간을 아이는 친절하다고 느끼는

구나.'

아이는 자신이 생활하는 공간 속에서 소비자로 자라고 있을까, 시민으로 자라고 있을까? 환대 없이 우리는 한 사회와 연결된 사람을 키울 수 없다. 도시에 사는 어른이 아이를 이유 없이 환대로 맞이해야 할 이유가 여기에 있다.

소비자적 태도가 늘 나쁘다는 것은 아니다. 나 역시 소비자로 산다. 하지만 책임감은 없고 선택권만 있는 소비자로 사는 일에는 그 영역이 있어야 한다. 무책임한 소비자적 태도와 문화가 학교 담을 넘어들어 와서 교육현장을 지배하지 못하도록 경계해야 한다.

소비자적 욕망이 교육에 투영되면 좋은 대학에 가는 욕망을 채워줄 수 있는 가성비 높은 교육 서비스를 학교에 요구하기에 이른다. 학교는 아이를 돌보고 성장시키는 공간이 아니라 소비자인 부모의 요구를 받아서 교육활동을 설계하고 서비스를 제공하며 그 입맛에 맞추게 된다. 결국 똑똑한 소비자의 의견이 반영된 경쟁교육 서비스가 학생들조차 어린 소비자로 길들여버리는 것은 아닐까?

최근에는 윤리적 소비라는 말도 생기고, 소비자들의 연대 행동으로 건강한 생산을 촉진하고, 포장 용기를 바꿔서 넘쳐나는 쓰레기 문제를 개선하기도 한다. 시장 영역에서도 건강한 소비를 추구하는 목소리가 높아져가는데 교육의 영역에서 무책임한 소비자적 태도가 만연하는 건 바람직하지 못하다.

교육 현장과 백화점은 달라야 한다. 선생님과 아이, 그리고 학부모는 교육을 함께 만들어가야 할 파트너다. 학교는 교육을 서비스 대상으로 삼고 사고파는 공간이 아니라, 환대로 아이와 학부모를 맞이하는 공간이 되어야 한다. 아이는 교육을 주입받는 로봇도 아니고 왕 대접을 받아야 하는 고객도 아니다.

우리는 환대를 놀이동산에서나 경험하는 것처럼 오해한다. 아이를 환대하는 것은 반갑고 친절한 인사로 시작하지만, 그게 다는 아니다. 아이를 환대하는 것은 아이가 늘 평가에 시달리지 않도록 편안함을 느낄 수 있는 분위기와 문화를 만드는 것이라고 할 수 있다.

아침에 일어난 아이에게 부모가 "내 아들, 잘 잤어?" 반갑게 인사하는 것, 아침에 교실로 들어오는 아이에게 "안녕? ○○아!" 인사하며 이름을 불러주는 것, 골목길에서 마주친 이웃집 아이에게 가볍게 눈인사와 반가운 손짓을 전하는 것, 친구들이 서로서로 어울려 재잘재잘 이야기하는 것 속에 환대가 있다.

자신 모습 그대로 내보일 수 있는 자유로운 공간을 만들어주는 것에 환대가 있다. 양육자는 아이를 변화시키려고 애면글면하기보다 아이 속에 힘이 있다는 것을 믿고, 일단 환대를 베풀어보면 좋겠다.

환대는 아이를 자라게 하고, 환대를 통해 동료가 되고 친구가 된다. 부모와 교사는 함께 도와서 아이를 성장시키고, 성숙시켜가는 서로에게 매우 중요한 사람들이므로 서로에게도 환대가 필요하다. 학교는 학생뿐만 아니라 학부모를 환대로 맞이해야 한다. 마찬가지로 학교 선생님에게도 환대는 필요하다. 서로를 환대해야 둘러앉아 대화할 수 있고, 서로 도우려는 관계로 변화할 수 있다.

> 환대는 친구가 될 수 있는 자유로운 공간을 내어주는 것, 사람을 변화시키는 것이 아니라 변화가 일어날 수 있는 자리를 만드는 것, 폭넓게 선택할 수 있는 장을 열어주는 것이다.
>
> — 헨리 나우웬Henri Nouwen

'100% 소비자'의 삶을 버리자

·

똑똑한 소비자는 자신의 필요를 채워줄 상품을 찾고 가성비와 가심비를 고려해서 쇼핑한다. 금전적 여유가 있다면 최저가를 고민할 필요도 없다. 품질이 좋지 않으면 문제를 제기하고, 반품도 척척할 수 있다.

그러나 교육에 있어서까지 소비자로의 태도만을 유지해서는 안 된다. 사람을 키우는 교육은 똑똑한 소비자가 상품을 구매하는 방식과는 전혀 달라야 한다.

우리는 현대사회에서 소비자로 살아간다. 그러나 우리의 삶을 100% 소비자로 살려고 하는 태도는 버려야 한다. 10% 아니 5%만이라도 생산자가 되는 삶으로 회복하는 것을 상상해보자. 생산자라니 나는 왠지 뿌듯한 기분이 든다. 자신이 먹을 채소를 자기 손으로 직접 길러본 사람은 그 기쁨을 알 것이다.

아이를 환대하고 따뜻한 이웃관계를 만들어가는 문화의 생산자, 동네 책모임 진행자로 교육과 돌봄의 생산자가 되어보는 것은 어떤가? 혼자서는 소비자에서 벗어나기 힘들지만, 사람들이 하나둘 연결된 공동체 속에서는 비교적 쉽게 누구나 크고 작은 생산자로 변화할 수 있다. 100% 소비자의 길이 아닌 95% 소비자의 길로 들어서는 첫 걸음은 어려운 일이 아니다.

이 각박한 도시에서 아이를 키우다 보면 불안과 두려움을 없애기 힘들다. 그러나 더 좋은 교사와 학교교육을 찾아서 구매하는 방식으로 불안과 두려움을 지우는 데는 한계가 분명하다. 문제가 해결되지 않는다. 양육자는 교육서비스 구매 방식 외에도 스스로 더 나은 해법을 만들 수 있어야 한다.

양육자로서 부모는 아이를 돌보며 키울 수 있는 힘이 자신에게 있다고 믿을 수 있어야 한다. 혼자서 해결하려 하지 말고 아이와 선생님 그리고 이웃을 믿고, 함께 해법을 궁리하고 이야기 나누며 손을 잡아야 한다. 함께 손잡아줄 사람은 언제 어디서나 꼭 있다.

소비자 부모 vs. 양육자 부모

•

많은 부모가 양육자로서 아이를 키우고 있다 여기지만, 실상 들여다보면 소비자적 부모의 양태를 지니고 있지는 않은지 생각해봐야 한다. 소비자 부모와 양육자 부모는 아이를 대하는 관점과 태도가 다르다. 그 특징을 살펴보자.

교육 소비자인 부모는 자녀가 너무도 소중해서 아이가 지닌 힘을 잘 보지 못한다. 소중한 아이를 잘 키우기 위해서 완벽한 환경을 제공해주려고 한다. 아직 서툴고 결핍된 존재인 어린아이에게 부모가 최고의 돌봄과 최상의 학습 환경을 마련해준다면 완벽해질 수 있다고 생각한다. 그래서 결핍을 충분히 채워주고, 문제를 빠르게 교정해줄 수 있는 서비스와 전문가에 대한 정보를 찾아다닌다. 그래서 아이는 늘 돌봄과 가르침의 대상이 된다.

그러나 양육자 부모는 너무도 소중한 아이가 지닌 힘을 믿는다. 아이 스스로 단단해지길 바란다. 지금은 연약한 존재이지만 크고 작은 역경을 직접 헤쳐나가며 성장하고, 문제를 해결할 힘을 키우길 희망한다. 아이에게는 믿을 만한 어른의 돌봄이 필요하지만 적정 연령이 지나면 아이는 점점 스스로 돌볼 수 있는 존재가 되어야 한다고 생각한다. 아이는 저마다 배움과 성장의 씨앗을 지니고 있는 존재라는 믿음으로 시행착오를 지켜본다.

소비자 부모는 학교를 서비스 제공 기관으로 인식한다. 아이에게 충분한 지식을 가르쳐서, 시험을 잘 치루고, 좋은 입시 결과를 가져오는 것이 학교의 주요한 목적이며, 내 아이가 학교를 다니는 이유다. 그러나 양육자 부모는 학교를 공동체로 인식한다. 이들에게 학교란 지식뿐만 아니라 혼자서는 배우고 경험할 수 없는 것을 교과과정으로 혹은 작은 사회로서 경험할 수 있는 장이다.

소비자 부모에게 교사는 가르치는 전문인으로서 뛰어난 지식을 전달할 수 있는 역량을 갖추어야 한다. 또한 공공서비스 제공자로서 부모의 요구를 받아들여야 할 책임이 있다. 학부모의 의견에 따라서 교사는 서비스 방식을 바꿀 수 있어야 하고, 역량이 부족하다면 다른 교사로 교체될 수 있어야 한다. 그러나 양육자 부모에게 교사는 자녀 양육의 중요한 파트너이며, 적어도 1년간은 아이들과 동행해야 할 동반자다. 부모 이외에 아이와 많은 시간을 함께하며 영향을 미칠 수 있는 교사는 충분히 존중받아야 한다는 입장을 지닌다.

소비자 부모는 더 많이 배우고, 더 유명하고, 잘 가르치는 사람에게만 교육적 권위를 인정한다. 하지만 양육자 부모는 아이 곁에 있는 교사의 판단과 의견에 귀 기울이며, 함께 결정하는 것으로 교사의 교육적 권위를 세워간다.

소비자 부모는 친구를 사귀는 것에서도 가성비를 따지는 실용적 태도를 보인다. 도움이 될 거냐를 따지는 것이다. 경제적·문화적 판단 기준을 가지고 판별하며 아이가 공부 잘하고 착한 친구들과 어울리기만을 바란다.

양육자 부모도 학급의 모든 아이들과 친하게 지낼 수 없다는 것을 안다. 하지만 아이들 사이에 자연스레 생겨난 우정을 중시하고, 경제적으로나 문화적으로 서로 다른 상황에 있는 다양한 친구들이 한 학급에 있을 때 더 넓은 세상을 만날 수 있다고 생각한다. 이런 생각은 이웃과 지역을 바라보는 입장에서도 동일하게 나타난다. 만나는 사람, 사는 곳이 자신을 말해준다는 소비자적 관점은 사람과의 만남과 관계도 자신을 과시하는 수단이 된다. 하지만 양육자 부모는 나이와 성별, 국적, 종교, 경제적 상황이 다른 이웃들과도 관계 맺으며 살아가고, 그 지역을 사랑하는 다른 양육자들과 소통하며 동네의 문화를 키우는 데 힘을 모은다.

양육자 부모에게도 학원은 필요하다. 아이가 자신의 관심에 따라서 배움을 선택하고, 부족한 부분을 더 잘 배울 수 있는 곳을 찾아 연결한다. 하지만 소비자 부모에게 학원은 입시 경쟁을 치르기 위해서는 필수 불가결한 요소다. 더 잘 가르치는 학원이 있다면 불편을 감수하고라도 이사도 가고 큰 비용도 감당할 수 있다고 생각한다.

양육자 부모는 사춘기 자녀의 이해할 수 없는 행동으로 인해 생기는 갈등이 힘들다. 그러나 그러한 갈등은 신체적·심리적·사회적으로 균형 있는 성장을 도와야 할 때라는 신호로 받아들인다. 현대 사회를 살고 있는 누구나 거쳐야 할 성장의 과정임을 알고 있기 때문이다.

그러나 소비자적 관점과 태도를 지닌 부모는 가급적 성장 과정에서 나타나는 불협화음을 회피, 지연, 제거할 수 있도록 자녀를 통제하려 한다. 입시 경쟁을 뚫고, 성공적인 직업을 가지기 위해서라도 '내 아이는 흔들려서는 안 된다.'라고 생각한다.

아이의 진로를 결정하는 기준에서도 소비자 부모는 경제적 성취와 사회적 명성을 얻는 등 타인들의 성공 기준에 맞추기를 희망한다. 그러나 양육자 부모는 아이 개인의 소질과 적성을 찾는 게 중요하다고 생각하고, 경험을 통해 아이가 스스로 자기 삶의 기준을 찾아갈 수 있도록 도우려 한다.

소비자 부모는 입시 중심 교육은 피할 수 없는 현실이기에 개인은 적응해야만 한다고 생각하고, 양육자 부모는 과열화된 경쟁은 공동체가 함께 개선해가야 한다고 생각한다.

소비자 부모는 다양한 체험과 경험이 아이에게 필요하다고 여기며 아이의 바쁜 스케줄을 고려해 전문가들에 의해 잘 준비되어, 단시간에 효율적으로 제공되는 프로그램에 참여하길 원한다. 놀이 또한 전문가들이 준비한 프로그램으로 구매하고 이용한다. 양육자 부모 역시 다양한 체험과 경험이 소중하다는 것을 알고 권장한다. 다만 양육자 부모는 완벽하게 준비된 체험 프로그램이 아니라도 우발성이 담긴 즐거운 놀이 시간과 아이들 스스로 오랜 시간에 걸쳐 일궈가는 경험을 존중한다. 소비자 부모는 비용을 지불한다면 무엇이든 더 좋은 해법을 제시할 수 있는 전문가를 고용할 수 있다고 생각한다. 그러나 양육자 부모는 전문가를 통해 자녀 양육에 도움을 받을 수 있지만 결국 근본적 해결책은 부모와 자녀가 함께 만들어가야 한다는 것을 잊지 않는다.

〈소비자 부모 vs. 양육자 부모의 관점과 태도〉

소비자 부모	사안	양육자 부모
소중해서 완벽하게 키워야 하는 존재	자녀	소중해서 역경을 경험하며 단단해져야 하는 존재
최상의 돌봄과 최고의 학습을 제공받아야 할 대상		배움과 성장의 씨앗을 지닌 존재, 돌봄과 배움의 주체
입시교육 서비스 제공 기관	학교	배움의 공동체
전문가, 제공자. 문제가 생기면 교체 가능	교사 교육적 권위	파트너, 동반자. 의미 있는 타자
더 많이 배우고, 유명하고, 잘 가르치는 사람에게 교육적 권위 부여		아이와 관계된 사람들을 인정하고, 그들의 교육적 권위를 세워감
도움이 되는 친구를 사귈 것	친구	다름을 인정, 우정을 중시
누구와 교류하는지 어디에 사는지가 중요	이웃과 지역	이웃과 관계 맺고, 협력. 자기 사는 지역을 애정
입시경쟁에 필수 불가결	학원	필요한 부분을 선택해 배울 수 있는 곳
회피 혹은 제거해야 할 것	사춘기 갈등과 성장 문제	피할 수 없음. 인간 성숙의 과정. 성장을 도울 시기
경제적 성공, 사회적 명성이 중요. 타인 성공 기준에 맞춤	진로	개인의 소질과 적성을 찾고 자기 삶의 기준을 만들어가는 것
개인이 현실을 인정하고, 적응해야 할 것	입시경쟁	공동체가 함께 극복해야 할 것
아이가 만족할 만한 잘 준비된 전문적 체험 프로그램 필요	프로그램 체험, 경험, 놀이	자기 삶을 이끌어갈 주체인 아이가 스스로 만들어가는 경험 필요
비용을 지불할 능력이 있다면 전문가를 고용해서 부모의 역할을 대신하게 하고, 해결책을 제시받을 수 있음	복잡한 양육 문제	부모의 부족한 부분을 조력할 전문가가 있지만, 결국 해결책은 부모와 자녀에게 있음

04

양육자의
회복탄력성

나는 비교하지 않을 줄 알았다, 그러나

셋째 아이가 초등학교에 입학하던 때였다. 입학 후 한 달쯤 지나자 학교에서 아이들이 수업하는 모습을 온라인으로 볼 수 있도록 공개 수업을 했다. 선생님이 질문하자 활력을 찾은 아이들이 손을 번쩍 들고서, 자신을 시켜달라고 앞으로 뛰어나갔다. 자신 있게 대답도 잘한다.

그런데 맨 뒷자리에서 아무런 움직임도 없는 한 아이가 보인다. 바로 내 아이다. 나는 모니터 너머로 바라보며 초등학교 생활에 잘 적응해가는 다른 아이들과 내 아이가 비교되었다. 우리 부부가 채 워주지 못하는 부분이 있는 것은 아닌지, 무엇인가 잘못하고 있는 것은 아닌지, 선생님은 자신감 없어 보이는 내 아이를 어떻게 바라볼지 걱정스러웠다.

나는 결혼을 하고 5년이 지나서야 첫 아이를 만났다. 그동안 친척 모임에 가면 나보다 늦게 결혼한 사촌 형제들이 아이를 안고 있는 모습과 우리 부부의 모습이 자꾸만 비교되었고, 모임 내내 신경 쓰였다. 빨리 아이를 갖고 싶었다.

결혼 4년 만에 소중한 아이를 아내가 임신했다. 임신 이후에는 산부인과를 어디로 다닐지, 산후조리원은 어디를 이용할 것인지 신중하게 고려했다. 너무도 소중한 내 아이를 대학병원은 아니라도 좋은 평판이 있는 병원에서 출산했으면 했고, 호텔 같은 산후조리원은 아니라도 최소 몇 주간은 안락한 곳에서 산후조리를 해서 몸을 회복할 수 있도록 하고 싶었다. 넉넉하지 못한 형편이었지만 돈 아끼느라 아이와 출산한 아내에게 소홀했다는 원망을 나중에라도 듣고 싶지 않다는 마음도 있었다.

다른 사람들은 어떻게 하는지 궁금했다. 특별한 이상이 없었지만 병원에서 다른 사람도 한다는 검사와 진료는 빠짐없이 했다. 태아 초음파 앨범, 만삭사진 등의 추억을 남기는 일도 남들이 다 한다고 말하면 해야 할 것처럼 느껴졌다. 아이가 태어난 후에는 어떤 분유를 먹여야 할지, 무슨 상표의 기저귀를 사용해야 할지 고민했다. 가성비만 생각할 수 없었다. 내 아이보다 비싼 분유와 기저귀를 쓰는 아이, 문화센터에서 개설한 각종 프로그램으로 운동과 인지, 사회성, 언어발달까지 신경 쓰고 있다는 양육자를 만나면 말이 더딘 내 아이에게 부모로서 왠지 충분히 잘하고 있지 못한 듯 느껴지기도 했기 때문이다. 아내는 이유식은 비싸도 유기농 야채와 한우로 꼭 만들어 먹여야 한다고 했다. 산후조리원에서 만난 동기들은 수입산 이유식이나 유기농으로만 제조된 이유식을 우리보다 몇 배나 비싼 돈을 주고 사서 먹인다고 했다.

큰돈을 버는 사업이나, 전문직, 대기업 정규직이 아닌 사회복지사이자, 청소년지도사로서 일하는 젊은 양육자인 나는 경제적 형편이 넉넉하지 않았다. 그렇지만 작은 집에 세 들어 살아도 충분했다. 그래서 아이를 키우는 것도 다른 사람들의 눈을 애써 의식하지 않으려 했다. 비교하지 않고, 당당하게 키울 수 있다고 생각했다. 아이 셋을 키우면서 유아차는 늘 가장 저렴한 것을 사용하고, 아이들 옷도 가까운 이웃에게서 대물림하여 받아 입히거나, 되살림 매장을 통해서 구입했다.

그렇지만 예쁜 새 옷을 차려입은 아이들이 모이는 곳에 가면 내가 아이에게 지나치게 인색한 것처럼 느껴졌다. 특히 유아차는 부모의 신분과 계급을 나타낸다고들 하는데, 우리 아이가 쓰는 것은 가벼운 철재와 얇은 천으로 만들어져 아무 쿠션이 없는 2~3만 원대로 저렴하고, 오래 써서 낡은 것이었다. 부피가 크지 않고 아무렇게나 접어서 차에 싣고 다닐 수 있어서 사용하기에는 편리했다. 하지만 쿠션이 좋아서 아이에게 아무런 충격을 주지 않을 것처럼 보이는 고급 유아차를 타고 있는 아이를 볼 때는 신경이 쓰였다. 우리 부부와 아이를 다른 사람들이 얕보지는 않을까 하는 걱정도 생겼다.

환경을 위해 '작은 차를 오래 타야 한다.'라고 나는 주장하고 다녔지만, 우리 가족이 10년 이상 사용한 승용차를 아내가 세 아이들이 편하게 각자 앉는 좌석이 있는 SUV로 바꾸자고 제안을 했다. 아이들을 위한다는 말에 못 이기는 척했지만 실은 학부모 교육에 갔을 때 고가의 외제차를 타고 오는 아빠들이 부러웠다. 얼마나 많은 돈을 버는 능력 있는 아빠들일지 짐작해봤고, 왠지 모를 주눅이 들기도 했다. 그래서 차를 바꾸자는 아내의 제안은 내심 반가웠다.

젊은 나이의 모든 양육자가 경제적으로 넉넉할 수는 없다고 스스로 설득해보지만, 아이를 키우는 일은 남의 눈을 자꾸만 의식하게 하고 비교하는 마음이 내 안에서 계속 생겨나게 했다.

3월의 총회룩, 고학년이 되면 사라지는 것

3월이 되면 학교마다 학부모 총회가 열린다. 어떤 옷을 입고 가야 하나 고민하는 엄마들 사이에는 '학부모 총회룩'이라는 게 있다. 학교 선생님과 다른 학부모들에게로부터 낮잡아 보이지도 않고, 너무 튀지도 않으려는 고민이 담긴 꾸안꾸(꾸민 듯 안 꾸민 듯 꾸민) 옷차림새가 대부분의 선택지다. 엄마의 첫인상이 내 아이의 첫인상으로 고착될까 봐 걱정하는 엄마들은 공개수업에 평소와는 다르게 한껏 멋을 내고 참석한다.

학부모 사이에서 뒤처지거나 겉도는 모습을 보이면, 혹시라도 내 아이가 자존심을 상해하고 친구를 사귀는 데 어려움을 겪을까 봐 걱정하기 때문이다. 초등학교에 아이가 입학하면 바쁘게 일하는 엄마들조차 휴가를 내고서라도 3월 첫 학부모 모임에는 반드시 참석하려 한다.

첫인상이 중요한 한국사회에서 자녀 교육에 관심 없는 엄마로 보이는 것은 부담스럽다. 부모가 모두 바쁘거나 엄마나 아빠 한쪽이 양육을 담당할 때는 더 신경 쓰인다. 가끔은 조부모가 대신 참석하기도 하는데 이 경우에도 남이 우리 가정을 어떻게 바라볼지, 혹시 문제 가정이나 문제 있는 아이로 바라보지는 않을지 먼저 걱정이 된다.

그러나 초등학교 고학년이 되면 학부모 총회록 따위에 관심을 가지는 학부모는 소수에 그친다. 학교 방문도 뜸해지고, 학부모 모임도 활력을 잃는다. 학부모 임원을 뽑아야 하지만 서로 책임을 맡지 않으려 한다. 학교 공부도 잘하고, 모범생인 자녀가 임원을 맡게 되면 엄마도 학교 일을 하는 것이 대부분 학교에서 암묵적인 룰이 되어 있다. 아이가 고학년이 될수록 이러한 성향은 더 두드러진다. 중학교와 고등학교에 올라갈수록 자녀의 학업 성적이 어느 수준인지 가시화되기 때문이다. 아이 성적이 떨어질수록 학부모가 학교행사에 가지는 관심도는 떨어진다.

수능을 치르고 나면 멀어지던 관심과 관계가 아예 끊어지기도 한다. 수능 이후에 익숙하게 드나들던 장소에 갑자기 발길을 끊고, 친한 친구들과도 연락하지 않는 아이들이 생긴다. 만족스럽지 못한 입시결과를 받은 아이는 조부모와 만나는 명절 가족 모임에서 사라지기도 한다. 다른 사람들이 보는 눈에서 자유롭지 못하기 때문이다. 어릴 적부터 알고 있던 사람들이 "어느 대학 갔어?"라고 궁금해할 때 당당하게 말할 수 있는 사람은 소수다.

자녀의 입시 결과가 뜻한 대로 나오지 않을 때, 부모도 움츠러든다. 공동체 활동을 열심히 하던 양육자들조차 오랫동안 해왔던 봉사활동을 멈추고, 따뜻하게 관계 맺었던 사람들과도 멀어지는 것이 현실이다. 취업, 결혼 인생의 허들이 계속되는 동안 남과 나를 비교하며 주눅드는 현상은 반복된다.

어릴 때부터 남의 눈을 계속 신경 쓰는 부모 밑에서 자라는 아이는 자라서 콤플렉스를 안고 삶을 산다. 비교를 하자면 끝이 없다. 남과 비교하기를 의식적으로 제어하려는 선택이 필요하다. 양육자에게는 불안을 이겨내고 당당한 자신의 양육을 실천할 수 있도록 마음의 힘이 필요하다.

아이의 회복탄력성을 믿어보자

아이 스스로 남과 비교하며 위축될 때도 있다. 특정한 사건과 고비로 아이가 점점 무기력증에 빠질 수도 있다. 또 어떤 경우에는 친구들 사이에서 시달리는 아이가 절벽 끝에 매달려 있는 것처럼 양육자는 느껴질 수도 있다. 양육자는 아이의 상처를 빠르게 치유하기 원하지만 마음처럼 쉽게 되지 않는다.

모든 아이 내면에는 회복탄력성이 있다. 다른 말로는 적응유연성resilience이라고 한다. 회복탄력성은 역경을 이기는 힘, 어려움이나 문제 상황에서 원래의 상태로 되돌아오거나 새로운 상황에 빠르게 적응하는 능력을 의미한다. 상처받은 아이들에게는 아무 힘이 없어 보이지만, 그 속에는 스스로 회복될 힘을 지니고 있다. 그 힘은 양육자의 지지적인 태도, 삶을 대하는 자세, 긍정의 언어, 칭찬과 격려를 통해서 더 강화된다.

양육자가 아이의 회복탄력성을 높이는 쉬운 방법 중 하나는 칭찬과 격려다(더욱 구체적인 방법은 2부에서 살펴보자). 전문적 지식과 경험이 없어도 양육자 누구나 간단하게 시작할 수 있는 매우 효과적인 실천 방법이다. 칭찬할 것을 찾기 어려운 때에는 작은 심부름, 구체적인 부탁을 해볼 수 있다.

누구나 힘에 벅찬 일을 계속하다 보면 더 힘이 빠진다. 아이도 그렇다. 아이 수준에서 잘해낼 수 있는 작은 일을 생각해보고 도와 달라고 해보자. 수저 놓기, 설거지, 재활용 쓰레기 정리, 이불개기, 세탁기 돌리기 등 집안일도 그 시작으로 좋겠다. 아이는 처음에는 귀찮아하겠지만 작은 일을 잘해내는 경험으로 인하여 스스로 자신이 꽤 쓸모 있다고 느낄 수 있고, 양육자는 칭찬할 기회를 만들 수 있다.

부탁한 일을 모두 망쳐버리는 아이도 있다. 이런 아이에게는 부족한 부분을 지적하기보다 다시 해보자고 응원하고, 격려해가면서 아이 내면의 "나는 못해요."라는 부정적 시나리오가 "내가 할 수 있어요."라는 긍정적 시나리오로 바뀔 수 있도록 토닥이며 키워야 한다. 문제에 집중하기보다 문제를 따돌리는 방식이다. 약점에만 집중하다 보면 콤플렉스에 갇히게 되지만 잘하는 것을 더 잘하게 하다 보면 어느새 약점은 사라지기도 한다.

양육자의 회복탄력성을 강화하자

·

아이의 회복탄력성을 믿는 동시에 양육자는 자신의 회복탄력성도 믿을 수 있어야 한다.

도시의 양육자들이 회복탄력성을 잃어가고 있는 것은 큰 문제다. 많은 부모가 불안한 사회 속에서 남과 비교하며 소진되고, 우울감을 호소한다. 문제가 무엇인지 알지만 현실을 어쩔 수 없고, 혼자서는 도무지 바꿀 힘이 없다고 말한다. 아이를 양육하는 데 점점 자신감을 잃어가고 있다. 정신 건강도 취약한 상태다. 자신의 회복을 위한 배움, 운동, 휴식, 여행, 영양관리, 스트레스 관리 등으로 시간을 내고, 돈을 쓰는 데에는 인색하고, 자녀 양육에 많은 시간을 쏟는다.

아는 것과 사는 것은 다르다. 나 역시 내 아이가 사춘기와 코로나로 고립되고, 우울감에 빠져 있을 때가 있었다. 나는 매일 같이 지난 내 잘못을 들춰내어 자책했다. 코로나로 뒤섞여버린 세상을 원망하고, 극적인 해법이 생겨나길 기대하고 고뇌했다. 또한 양육자로서 부족한 나에게 스스로 벌주듯 행동했다. 어떤 때는 잠시 주위 사람들과 만나기를 단절하고, 술에 취하기도 했다. 좋은 아빠라고 생각했는데 실패한 것 같았다. 양육 스트레스로 인한 우울감이 한동안 나를 삼켜버렸다.

하지만 옆집 태준이 아빠는 나와는 전혀 달랐다. 아이가 사춘기가 시작되자 새로운 취미로 드럼을 배우기 시작했고, 즐거움을 찾았다. 지금은 학부모 밴드에서 드러머로 활동하고, 제법 근사한 연주를 할 수 있다. 양육 스트레스를 자기와 아이를 괴롭히는 데 쓰지 않고, 자기계발의 기회로 삼은 것이다. 양육자는 태준이 아빠처럼 자기 돌봄을 할 수 있어야 한다.

양육자는 회복탄력성을 지녀야 한다. 자녀 문제로 고민이 많거나 자녀와 어려움을 겪고 있는 부모는 자신의 회복탄력성을 강화하기 위해서 다음과 같은 방법을 시도해볼 수 있다.

첫 번째. 스트레스를 관리해야 한다.
아이 양육은 내 마음대로 되지 않는다. 아이가 성장 과정에서 어려움을 겪는 것은 자연스러운 일이다. 모든 책임이 양육자에게만 있지 않다. 스트레스 상황에서 숨 쉬기, 명상, 걷기, 운동 등으로 환기해야 한다.

두 번째. 스스로를 돌봐야 한다.

자녀는 부모의 거울이라는 말을 들으면 모두 내 책임인 것만 같아 자책하게 된다. 스스로를 벌주고자 한다. 부모는 자신을 돌봐야한다. 부모가 건강해야 아이도 숨을 쉰다는 상생의 원리를 기억하자. 충분한 수면, 영양이 풍부한 식사, 규칙적인 운동, 새로운 취미 활동 등은 양육자의 회복에 도움이 된다.

세 번째. 도움을 요청할 사람이 있어야 한다.

속마음을 털어놓을 수 있는 친구, 가족, 전문가가 있다면 회복에 도움이 된다. 교육대화모임, 책모임 등 건강한 양육자모임에 참여하는 것도 좋다. 비슷한 입장의 사람들로부터 위로를 받을 수 있고, 생각의 전환을 일으킬 수 있는 교육과 사회적 지원을 받을 수 있고, 어려울 때 지지체계가 된다.

네 번째. "아이는 성공과 실패를 통해 성장한다."라는 마음가짐이 필요하다.

부모는 양육자로서 아이가 성장할 때까지 책임이 있다. 하지만 아이 인생의 주인은 아이 자신이다. 문제가 있고, 도움을 요청할 때 해결을 도와줄 수 있지만, 모든 것을 대신해줄 수 없다. 아이는 성공과 실패를 통해 성장할 기회를 얻는다.

다섯 번째, 새로운 곳으로 가족 여행을 떠나보자.

자녀와 함께 보내는 특별한 가족의 시간을 기획해보자. 함께 웃을 수 있는 즐거운 시간은 회복감을 준다. 낯선 곳에서 가족이 함께 활동하며 양육자의 유능감이 살아날 수도 있다. 익숙하지 않은 상황 속에서 새로운 사람과 만나며 한층 성장한 아이의 새로운 모습을 발견할 수 있다.

여섯 번째. 문제를 따돌리고 "할 수 있는 것을 한다."는 태도를 지니자.

어쩌지 못하는 일을 계속 생각하거나 엄청난 변화를 만들어야 한다는 생각에 스스로를 스트레스 상황에 가두지 말자. 할 수 있는 작은 일부터 하자. 생각을 환기할 수 있는 일을 하는 게 좋다. 이웃과 함께하는 그림 그리기, 시모임, 음악밴드, 걷기, 등산, 요가, 댄스 등 동아리 활동에 참여하는 것은 양육 스트레스를 해소하는 데 도움이 된다. 사회를 돌보고 가치를 실현하는 자원봉사활동은 보람을 느끼게 하고, 스스로에게 유능감을 심어줄 수 있다. 아이에게 긍정적 모델링이 되기도 한다.

마음에 여유가 생긴 양육자라면 아이의 변화를 다그치지 않고 기다릴 수 있는 여유가 생긴다. 내 자녀와 자녀의 친구에게 건넬 수 있는 칭찬과 격려의 말을 찾아보자.

좋은 부모 콤플렉스와 부모 2단계

좋은 부모 콤플렉스

내 주변에는 좋은 아빠가 되겠다는 사람들이 제법 있다. 자녀와 함께 청소년센터에서 하는 프로그램에 참여하고, 언제나 아이의 적극적인 지지자가 되어준다. 다정하고 친절한 아빠의 역할에 충실한 사람들이다.

하지만 이들에게도 위기가 찾아온다. 나도 그중 한 사람이었다. 결혼 5년 만에 어렵게 가진 첫째는 너무도 사랑스러웠다. 나와 꼭 닮은 내 아이는 나를 잘 따랐다. 우리는 줄곧 한 팀처럼 붙어 다녔고 참 행복한 시간을 보냈다. 나는 내 아이를 너무도 잘 알고 있어서 늘 아이를 잘 도울 수 있다 여겼다. 아이 역시 내가 꼭 필요하다고 말했다. 그러나 어느 날 달라졌다. 아이가 아빠인 나에게 다른 역할을 요구하는 시점이 온 것이다.

아빠로부터 독립하고자 하는 사춘기 자녀는 질풍노도의 시기를 겪으며 아빠를 밀어낸다. 하지만 자녀와 동일시되어 있던 아빠는 이 상황을 맞이할 준비가 제대로 되어 있지 못하다. 노심초사 불안하고, 불쾌하고, 불편하다. 나는 이런 어려움을 겪는 아빠들을 종종 만날 수 있었다. 그때마다 속으로 다짐했다. 아이가 사춘기가 되면 적당한 거리를 유지하는 양육의 지혜를 지녀야겠다고 말이다.

그런데 막상 내가 그 위치에 서자 역할 전환이 생각처럼 쉽지 않았다. 첫 아이가 사춘기를 처음 겪는 나이가 되자 나는 준비했던 아이의 사생활을 인정하고 서서히 거리두기를 해야겠다고 마음먹었다. 그런데 그때 코로나가 왔다. 그동안 나름 계획을 세우고 스스로 준비했던 사춘기자녀 대응 전략은 내 마음과는 다르게 흘러갔다.

아이의 사생활을 인정하고 거리를 두어도, 지킬 것은 지키게 하겠다는 내 각오가 있었다. 중학생이 될 때까지는 스마트폰과는 거리를 두게 했다. 중학교 입학 선물로 노트북 컴퓨터를 사주었지만 사용 규칙을 함께 정해서 미디어에 지나치게 의존하지 않도록 도와보려고 했다. 그런데 코로나로 인해서 갑자기 온라인 수업을 해야 했고, 담임 선생님과 카톡으로 연락을 해야 하는 상황이 밀려왔다.

아이와 함께 만들려 했던 컴퓨터 사용 규칙은 완성되지 못했고,

몇 년 후에나 사주려고 했던 스마트폰을 급히 개통해야 했다. 몇 가지 사용 규칙을 정해서 말해주었지만 소용없었다. 새로 만난 디지털은 아이에게 신세계였다. 아이는 밤을 세워가며 인터넷 게임을 하고, 유튜브 콘텐츠를 보고, 온라인 서핑을 하면서 점점 자신만의 동굴 속으로 깊이 들어갔다. 밤을 새우는 날이 많아지자 나는 밤 12시 이후에 와이파이를 차단했다. 그때 아이의 분노가 터져 나왔다.

"아빠는 내 행복을 막는 사람이야!"

아이는 소리를 지르며 주먹으로 벽을 치고 욕을 했다. 나는 잠자리를 안방에서 아이방으로 옮겼다. 함께 자면서 대화를 시도하려한 것이다. 하지만 분노한 아이는 밤이 늦도록 다시 화를 내고, 간간히 욕을 했다. 나 역시 참을 수 없어서, 자다 말고 일어나서 혼을 내는 일이 반복됐다.

우리 부자의 따뜻한 관계는 차츰 더 벌어졌다. 나는 아이의 이전과는 다른 모습에 당황했다. 하지만 아이가 밉기보다는 아이를 이렇게밖에 양육하지 못하는 나를 자책했다. 더 잘 대응하지 못한 나를 원망했다. 밤에 눈을 감으면 후회가 밀려왔다.

'그때는 내가 이렇게 했어야 했는데.'
'더 일찍 아이가 원하는 것을 해주었어야 했는데.'

아침이 되면 아무런 문제가 없어 보이는 다른 집 아이와 부모의 모습을 보면서 부럽기도 했다.

나는 때마침 내 일터와 관련한 스트레스까지 이어져서 가끔은 지금까지 쌓아온 인생의 모든 것이 실패한 것처럼 우울해졌다. 병원을 다녀오기도 했다. 사람은 당해봐야 그 입장을 이해할 수 있다. 내가 만난 아빠들도 모두들 단단히 준비했을 텐데 마음대로 안 된 것이다. 나는 좋은 부모 콤플렉스에 갇혀 있었다.

한정된 자원 안에서 최선을 선택함을 인정하자

•

양육자 가운데는 나처럼 커버린 아이를 나와 다른 사람이라고 인정하지 못하고, 아이가 보이는 행동에 서운해하고, 자신의 서툰 대응방식으로 미안함을 느끼는 부모가 있을 것이다.

대부분의 부모는 내 아이에게 좋은 것을 주고 싶고, 좋은 생각만 하도록 돕고 싶다. 그러나 지나치게 잘 키우려는 욕심, 부모인 자신이 잘못하거나 잘 몰라서 못해준 것이 있는 것은 아닌가 하는 미안한 마음이 콤플렉스를 불러온다. 이러한 좋은 부모 콤플렉스를 겪는 사람들이 적지 않다.

텔레비전 속 연예인들은 아이들의 행복을 위해서는 무엇이라도 해줄 수 있는 시간과 경제적 능력이 넘치는 부모로 비춰진다. 넓은 마당이 있는 집에서 아이들과 공놀이를 하고, 매주 캠핑을 가고, 해외여행을 가고, 자녀들과 스포츠, 취미생활을 같이한다.

그뿐만이 아니다. 부모의 잘못된 양육 태도 때문에 아이가 엇나가는 거라고 말하는 전문가들이 매일같이 방송에 나온다. 그들의 이야기에는 엄청난 설득력이 있다. 내 아이의 잘못된 행동은 모두 다 내 잘못 같다. 좋은 부모가 되어야 한다는 사회적 강박과 압력, 틀에 요즘 부모들이 점점 갇혀가고 있는 듯 보인다.

나는 생각을 바꾸기로 했다. 그리고는 조금 양육 스트레스에서 가벼워졌고, 좋은 부모가 되어야 한다는 강박으로부터 자유로워졌다. 아이는 나의 분신이 아니라 나와는 다른 사람이라는 것을 인정했다. 만점 부모가 되려고 지나치게 애를 쓰다 보면 아이의 작은 투정까지 용납하기 힘들어진다. 아이는 부모를 통해서 성장하지만, 부모가 보지 않는 곳에서 단단한 마음과 자신만의 생각이 자라기도 한다.

자녀에게 부족함 없이 교육투자를 하고 물려줄 재산이 넉넉하기란 쉽지 않다. 한정된 자원 안에서 가정경제를 꾸리고 삶을 살아가야 한다. 가정에서 쓸 수 있는 자원을 파악하고 어떻게 효과적으로 사용할지 궁리해야 한다.

사람에게 한정된 자원과 결핍은 때로는 에너지고 또 다른 자산이기도 하다. 스스로 쟁취하고, 이겨낼 수 있는 기회와 힘은 한정된 자원 곧 결핍에서 온다. 부모로서 양육에 대한 생각을 바꿔보자. 아이들에게 어떠한 결핍도, 시행착오도 경험하지 않게 하려는 마음을 버려보자. 지금은 고등학생이 된 내 자녀도 내 걱정과는 다르게 제 법 제 인생을 잘 헤쳐나가고 있다.

언제 부모 2단계에 접어들어야 할까?

양육자는 아이가 태어난 후 영아기부터 취학 전 시기에는 애착 을 잘 형성하고, 언어습득을 도와야 한다. 초등학교 저학년까지의 아동초기에는 학교라는 작은 사회 속에 적응을 도와야 하고, 청소 년기로 이어지는 초등학교 고학년 이후에는 더 넓은 사회를 경험 하게 해서 미래를 준비해가도록 해야 한다. 발달 단계에 따른 성장 을 지원해야 한다는 것이다.

아이가 초등학교 3~4학년이 되면 부모는 부모 2단계로 접어들 어야 한다. 이때부터는 더 이상 저학년이 아니다. 신체적인 성장이 빨라진다. 아는 것이 제법 늘어나고, 마음을 털어놓을 친구가 생기 고, 자신감이 생겨나고, 학교 안에서 자신의 세계를 만들어간다. 이 때 양육자는 무조건적 사랑으로 돌보는 부모 1단계가 끝나고 있다 는 것을 직감하고, 부모 2단계로 점차 그 역할을 전환해야 한다.

발달이론에서는 11살(초등 5학년) 전후 아이들은 거의 어른과 비 슷한 지적 발달에 다다른다고 한다. 복잡하고 추상적인 개념을 이 해할 수 있고, 논리적으로 생각하고 판단하며, 미래를 위해 스스로 유익한 선택을 할 수 있는 능력을 갖추어가는 나이가 되는 것이다. 아이들의 두뇌에서 지적인 사고 발달이 자연스럽게 진행되는 것처럼 신체적·심리적·사회적으로도 성숙해가야 한다. 2차 성징으로 민감한 몸의 변화가 나타나는 것도 자연스럽다.

신체적·심리적 발달은 인간 내면에서 대부분 자연스럽게 진행된다. 그러나 사회적 발달은 외부와의 연결이다. 따라서 사회적으로 성숙하도록 돕기 위해서는 양육자가 아이를 대하는 사회적 대접이 달라져야 한다.

그런데 부모가 여전히 1단계 양육자적 태도로 아이에게 더 좋은 것만을 공급해주겠다는 양육방식으로 접근한다면, 아이는 어린아이처럼 순응하며 의존하던지, 자신을 통제하고 있는 부모로부터 벗어나고 싶다고 느끼게 될 것이다. 아이 내면의 발달과 사회적 발달이 부조화될 때 심리적 혼란과 갈등은 생겨난다. 현대사회를 살고 있는 아이들의 이 시기 문제 행동 원인은 대부분 여기에 있다. 이미 스스로 생각하고 판단하고 독립하고자 하는 마음 상태가 되었는데 계속 억누르니 폭발하는 것이다.

당신 아이에게는 부모 이외에 좋은 어른이 있나요?

•

아이가 부모의 관심과 사랑을 조금씩 밀어내기 시작하면 다음 성장의 단계에 이르렀음을 알려주는 신호다. 사람을 키우는 일이 부모 마음대로 될 수 있을까? 내 아이에게 필요한 것은 좋은 부모이기도 하지만 좋은 친구, 좋은 학교, 좋은 이웃과 사람들이기도 하다.

부모는 부모 이외의 좋은 어른을 소개하고, 아이가 그들의 삶을 엿보게 도와야 한다. 그런 사회적 관계를 맺는 중요한 어른 중에는 선생님이 있다. 그래서 아이 앞에서 선생님을 가볍게 흉보는 일은 매우 조심해야 할 일이다.

아이에게 필요한 어른은 부모와 선생님보다 더 다양하다. 예전에는 삼촌, 이모가 한 동네에 살기도 했고, 동네 아저씨, 형, 누나가 아이의 자연스러운 멘토가 되기도 했다. 그러나 요즘에는 내 아이의 가까이에서 아이의 성장에 관심을 가지며, 아무런 유상의 대가 없이 관계될 만한 사람을 찾는 것이 쉽지 않다.

부모가 직접 가르칠 수 없는 것들을 다른 어른들과의 만남을 통해서 가르칠 수 있어야 한다. 한 분야에 집중하고 있는 어른들, 더 좋은 사회를 위해 애쓰는 사람들, 동네 아이들의 이야기를 잘 들어주는 어른들, 재미있게 살아가는 이모와 삼촌, 내 아이보다 두세 살 많은 이웃 언니와 오빠가 이때 절실하게 필요하다.

아이는 자랄수록 부모의 귀에 익은 가르침을 어릴 때만큼 잘 받아들이지 않는다. 부모의 이야기는 듣기 싫은 잔소리가 되기 십상이다. 그렇다고 해서 꼭 가르쳐야 할 것을 일러주지 않고 기다리며 마냥 놔둘 수도 없다.

그러므로 부모 2단계로 전진할 때는 다른 사회 구성원들과의 연대가 필요하다. 서로에게 좋은 이웃 어른으로 역할을 해야 하는 것이다. 부모와는 아무 말도 하지 않는 아이가 옆집 아저씨와는 웃음 띤 얼굴로 진지한 대화를 하는 모습을 보면 부모는 살짝 놀란다. 중학생 이후의 자녀를 키우는 일은 부모의 직영 방식만으로는 어렵다. 상업기관이 아닌, 이웃들에게 적절한 위탁이 필요하다.

아이는 한 살 한 살 나이를 먹을수록 자기 스스로 많은 것을 안다고 착각한다. 구체적 지식에서는 부족할 수 있지만 세상 이치를 이제 거의 다 안다고 생각하는 것이다. 아이가 자신이 경험한 작은 단면으로 세상을 이해하여 왜곡하고 부정적으로 인식할 때, 생각의 깊이를 더하는 것이 어른의 역할이자 양육자가 할 일이다.

아이가 가정과 학교 밖에서 건강한 사람을 만나고 다양한 경험을 할 수 있도록 도와야 한다. 주변에 청소년시설 같이 편하고 쉽게 갈 수 있는 공간이 있다면 동아리 활동과 프로그램을 권장해서 아이가 사회와 만나게 할 수 있다. 초등학교 저학년생부터 고등학생까지 다양한 연령대 사람을 만날 수 있고, 기관 선생님의 적절한 지도 아래 동아리와 프로그램도 운영되니 용이하다. 여러 사람을 만나고, 경험하고, 대화하면서 더 넓고, 깊게 세상을 이해할 수 있는 창구가 된다.

부모 1단계에서 좋은 양육자의 역할을 충분히 했다면, 분리되어 성숙하려는 아이에게 매달려 있지 말자. 대신에 부모 또한 2단계로 도약하자.

부모가 1단계 양육자로 머물러 있다면 자녀가 성인이 된 이후에도 성숙하고 독립된 존재로 대접하기 어렵다. 자녀의 자립은 가장 중요한 목표 중 하나라고 말하면서도 결국에는 자녀를 부모에게 종속시켜 독립을 방해하는 실수를 하고야 만다. 그러나 부모를 떠나서 아이가 다른 사회 구성원들과 만날 때 자신이 제법 쓸모 있고, 많은 것을 해낼 수 있는 존재라는 스스로에 대한 신뢰를 지니게 된다.

아이의 사생활을 존중해주고, 아이가 더 넓은 사회와 사람들을 만나며 경험하게 하자. 간혹 아이가 작은 도전에 실패하고 마음에 상처를 입더라도, 대신 해결해주기보다 응원하는 마음으로 기다리는 인내가 필요할 때도 있다.

06

혼자
해결하려는 선생님

아이의 삶은 '수업시간 45분'처럼
분절되지 않는다

청소년센터에서 십수 년간 아이들을 만나오며, 나는 도시에 사는 아이들이 점점 큰 문제를 드러내지 않고, 대부분 얌전하게 행동하는 것으로 느껴진다. 코로나 이후에는 좌충우돌 충동적으로 행동하는 아이들의 모습이 줄고, 남들 앞에서 실수를 하지 않으려고 더욱 조심스러워진 듯하다. 하지만 여전히 일부 아이들의 모습은 질풍노도라는 말이 딱 들어맞을 때가 있다. 학교 교실이 아니라도 어디서나 무례하고, 규칙을 쉽게 어기고, 통제가 통하지 않고, 위험하고, 폭력적인 행동을 거듭하는 아이들이 있다.

내가 일하는 청소년센터에도 가끔 힘을 과시하는 아이들이 나타난다. 거친 행동으로 공간을 지배하고, 큰소리치면서 긴장감을 조성하며 활개를 칠 때가 있다. 잦은 갈등을 일으키는 아이들이 한둘이 아니라 여럿이 힘을 뭉치는 분위기가 되면 일하는 사람들은 모두 다 긴장할 수밖에 없다.

이들을 대하기 위해 우리가 선택한 방식은 가까워지는 것이다. 이름을 기억하고, 그 이름을 불러주며 관계를 맺는다. 다행히 작전이 성공해서 친구가 되면 공용공간에서 침을 함부로 뱉는다던지, 큰소리로 욕하는 행동을 조심해주기도 한다. 마치 친구 집에서 약간의 예의를 지켜주는 것처럼 말이다. 또 친구가 되면 행동을 수정해달라는 지도자의 요구를 듣더라도 별로 기분을 상해하지 않는다. 우리는 일부러 말썽을 부리는 아이들과 친해지려 했고, 가끔 작은 부탁을 하고, 들어주었을 때 감사를 표하기도 한다.

아이와 관계가 없는 상태에서 전하는 잔소리는 억울함과 분노를 불러온다. 잦은 문제를 일으키는 아이들을 대할 때 우리가 쓰는 중요한 전략은 여러 사람들이 함께 아이들을 기억하고, 이름을 불러주며, 관계를 맺어가는 것이다.

그러나 학교 교실의 환경은 우리와는 많이 다르다. 선생님 혼자서 여러 아이들과 만나야 한다. 학교에는 각 반별로 담임 선생님이 있고 개별 선생님은 전공에 따라 맡는 과목이 있다. 그밖에 학생지도, 동아리 등의 업무를 분장한다. 학교에서 업무는 잘 분장되어 있다. 자신의 역할이 무엇인지 쉽게 알 수 있고, 책임 소재 또한 명확하다.

공유지의 비극이라는 경제학 용어가 있다. 공유지는 아무도 관리하지 않아서 무질서해지기 때문에 각각의 개인들에게 책임을 부여해야 질서가 생기고, 효율적이라는 믿음에 근거한 말이다. 현대사회에서 공유지의 비극을 막기 위한 사유화는 공공조직에서는 업무분장이라는 대처로 반영된다. 업무를 잘게 쪼개서 책임을 각각의 개인에게 나누는 것이 익숙해져 있다 보니 공공조직에서 일하는 사람들은 전체를 보기보다 자신에게 분장된 업무만 신경 쓰는 일이 당연한 것처럼 되고 있다. 학교 교무실에서도 업무 분장은 확실하고, 효율적으로 이루어져가고 있다.

그러나 교육은 함께 만들어가야 할 일이다. 인간의 삶은 한 칸 한 칸 나누어진 교실과 45분씩 분절되는 수업시간과는 다르게 다차원적이고 총체적이다. 아이의 생활에서는 늘 예기치 않은 일도 일어난다. 구슬이 서 말이어도 꿰어야 보배라는 말도 있지 않은가? 각각의 전문인들이 반짝반짝 빛나는 구슬을 만들더라도 함께 연결해야 목걸이가 되고 그 쓸모와 가치가 더욱 빛난다. 학교 선생님들은 학생과 학부모뿐 아니라 동료교사, 행정가, 그 밖에 아이가 살고 있는 지역의 이웃들과 교육을 함께 만들어가는 사람이어야 한다. 경계를 분명히 가르기보다 넘나들며 만나고 소통하려는 노력이 필요하다.

학부모는 고객이 아니다

•

지나치게 자기중심적이고 학교에 터무니없는 요구와 거친 항의를 일삼는 몬스터 학부모 현상에 상처받는 선생님들을 볼 때면 안타깝고 가슴 아프다. 자신보다 약해 보이는 자들에게 갑질하는 무례한 악인들은 어디에나 있다. 대형 쇼핑몰에도, 동네 마트에도, 약국에도, 병원에도, 청소년센터에도, 도서관에도, 주민센터에도, 구청에도 있다. 어디서나 힘을 자랑하고, 다른 사람을 무시하고, 갑이 되어야 하는 사람들은 내 아이를 가르치는 선생님에게조차 같은 태도를 보인다. 그러나 백화점과 학교는 크게 다르다.

"고객은 왕이다"라는 표현을 요즈음은 잘 사용하지 않는다. 감정노동, 갑질이라는 언어로 문제 인식이 달라지고 있고, 소비자의 권리만 주장하는 예의 없는 사람들 앞에서 쓰러지는 안타까운 사람들의 사연은 사회의 분위기를 조금씩 바꾸어놓았다. 하지만 10여 년 전만 해도 고객을 왕처럼 대해야 한다는 표현은 어디에서나 서슴없이 사용됐다.

부산 해운대교육지원청에서 교육복지사로 근무할 때 일이다. 교육지원청 각 부서와 각 학교를 대상으로 전화친절도를 조사하고 평가한다고 했다. 전화를 받을 때 지켜야 할 매뉴얼이 안내되고, 전 직원을 대상으로 친절교육도 했다. 친절교육에서는 '학부모와 학생은 고객'이라고 했다. 고객이 왕인 시대를 넘어서 '고객 감동', '고객 졸도'의 시대라고 강사는 힘주어 말했다. 학교나 교육지원청이 친절하지 못하면 아이를 맡기고 있는 부모는 주눅 들어서 하고 싶은 말도 못하는 경우가 다반사니, 이런 친절 강요는 바람직한 일이라고 당시 나는 생각했다.

친절교육은 곧이어 친절도 평가로 이어졌다. 직원들은 평가 시기가 오자 상당히 예민해졌다. 전화받는 예절이 제법 친절하다는 평판을 받던 나조차도 움츠러들었다. 내 전화기가 아닌 다른 직원 전화를 당겨서 받는 게 조금 꺼려졌다. 왜냐면 다른 사람을 도와주려고 하다가 잘 모르는 업무 내용이라도 물어보면, 괜히 찜찜한 기분에 하루를 망칠 수도 있어서 그랬다. 전화 친절 평가 결과는 공문으로 내려왔다. 1등 ○○교육지원청 초등교육과, 2등 ○○초등학교 이런 식으로 시작해서 높은 점수를 받은 3곳, 낮은 점수를 받은 3곳이 순위별로 공개됐다.

이후로도 학부모를 고객으로 모시는 일은 점점 늘어났다. 프로그램 참가자 만족을 조사하는 것을 넘어서 수업에 대한 평가를 학생에게 물었고, 급기야 교사를 평가하는 설문이 학부모에게 전달되었다. 교사는 학생을 평가하고, 학생과 학부모는 교사를 평가했다. 부모는 교사가 어떤 상황에 놓여 있고, 어떤 선택을 했는지 잘 알지 못하는 상태에서 내 자녀에게 잘했는지 못했는지를 떠올리며 점수를 매겼다. 가르침과 배움은 신뢰관계를 바탕으로 해야 하는데 평가의 대상이 된다고 생각하면 서로를 못 믿고, 작은 실수를 하지 않기 위해 긴장하게 된다.

상호 평가를 없애야 한다는 것이 아니다. 소비자 만족도를 조사하는 방식 정도에 머물러서는 안 된다는 것이다. 학교는 교육공동체다. 학생, 교사, 학부모가 함께 신뢰를 만들어내는 더 좋은 방식을 고민했어야 한다.

이처럼 학교 현장을 소비자와 서비스 제공자의 구도로 만들어 놓은 것은 매우 큰 실책이다. 고객이라는 표현은 학부모의 정당한 권리를 넘어서 '진정한 힘은 소비하고 선택하는 당신에게 있다.'라는 느낌을 준다. 거기에 왕이라는 표현까지 더해지면 사람들은 '고객이 왕이라면서 왜 나를 왕으로 대접하지 않지?'라는 의문을 지니게 된다. 그 순간 어떤 이들은 자신이 지닌 돈과 권력의 힘을 제대로 보여주려 한다.

교육 현장에서 소비자와 고객이 된 일부 사람들은 요즈음 문제되는 몬스터 학부모로 쉽게 변신할 수 있다. 괴물 학부모들이 분위기를 장악하면, 급기야 그 학급과 학교의 문화가 되어버리기 십상이다. 몬스터 학부모에게 크게 데인 학교는 학부모와 거리를 두는 방식으로 자신을 보호하려 한다. 심한 경우 교장선생님의 독단적 결정에 의해 학부모 조직을 차근차근 해체해버리기도 한다. 이렇게 몇몇 교사와 학교가 학부모와 거리두기에 성공하면 다른 학교들은 따라나선다. 학교는 학생, 학부모, 교사가 함께하는 교육공동체라는 말은 흔적도 없이 사라진다.

몬스터 학부모의 등장은 학교가 학생을 시민이 아닌 소비자로 길러내고, 학부모를 교육 주체가 아닌 고객으로 상대하면서 심화된 문제이기도 하다. 몬스터 학부모는 어디에나 있지만 그 수는 많지 않다. 그런데 그 소수가 학교와 교사를 공격해서 원하는 결과를 획득해가면 학교의 문화는 쉽게 변질될 수도 있다.

교사는 많은 문제를 혼자서 해결하려고 한다. 그러나 몬스터 학부모와 홀로 맞서서 해결하는 것까지 전문성이라고 할 수 없다. 위험에 빠진 교사는 학교 구성원들에게 언제나 도움을 요청할 수 있어야 한다. 그 학부모에 대한 이해와 대응 방식에 대한 교육과 연수가 필요하다. 건강한 학교공동체 문화를 만들려면 학부모와 거리두기가 아니라 다수의 상식적인 학부모와 손잡는 길로 가야 한다. 경직된 교직사회의 경계를 넘어야 한다. 담임 선생님으로서 지니는 책임의 경계를 넘어 교장, 교감 선생님 혹은 다른 선생님, 학부모, 학교공동체가 함께 협력하고 노력해야 하는 문제들도 있다.

나는 교사도 아니고, 일방적으로 교사와 학교의 편을 들려고 하는 것이 아니다. 아직도 아이들로 인해 선생님이 겪는 고통보다 선생님이 저지른 잘못에 의해 아이들이 받는 고통이 더 큰 것도 사실이다. 다만 전문가인 선생님들도 모르는 게 있고, 실수할 때가 있다. 신체적 건강이나 정신 건강이 좋지 않을 때도 있다.

"담임 선생님을 바꿔주세요."라는 강력한 민원은 너무 쉽지만, 내 자녀를 위해서도 결코 좋은 해법은 아니다. 나는 문제 있는 선생님을 바꿔서 얻는 이득보다 학부모 눈에 부족한 그 선생님과도 우리 아이들이 1년간 큰 문제없이 지내보는 것이 더 큰 이득이라고 생각한다. 선생님은 아이들의 인생에 중요한 사람이지만, 부모만큼 절대적이지 않다. 선생님이 채워주지 못하는 것들은 아이 스스로 혹은 학부모들이 함께 힘을 모아서 채워나갈 수도 있다.

교육 현장에서도 최저가와 가성비

．

소비자가 되어 손쉽게 문제를 해결하려는 마음은 학부모에게만 있는 것은 아니다. 학교의 교직원들 역시 다르지 않다. 학교가 함께 준비해왔던 운동회는 이제 전문 용역 업체가 운영한다. 전문 업체가 최신 장비를 들고 와서 모두가 만족할 만한 서비스를 제공한다. 서비스에 만족하지 못하거나 가성비가 떨어진다면 다음번에는 더 저렴하게 양질의 서비스를 공급하는 업체로 바꾸면 된다. 최저가 입찰을 권장하는 흐름 속에 이런 실태는 이제 보편적이다.

학교 앞에 있는 동네 문방구들이 차례차례 문을 닫고 있다. 학교 앞에서 사던 준비물은 온라인 쇼핑몰을 통해 구매하는 패턴으로 바뀌었다. 학교 내에서 필요한 물품이 있어도 비슷한 방식으로 해결한다. 온라인을 통해 구매하거나, 최저가 입찰이다.

학교라는 공적 기관이 한 동네의 지역 경제 생태계와 유기적으로 연결되던 시대가 있었다. 학교가 있음으로 인해서 지역의 작은 경제가 활력을 가질 수 있었다. 하지만 점점 학교의 울타리와 담은 높아진다. 선생님들은 회식을 할 때도 혹시나 아이들과 만나는 것이 부담스러워서 지역 식당을 이용하는 일은 잘 없다.

학교는 풀 서비스를 제공하는 완전체를 지향하는 것 같지만 지역과의 관계는 단절되고 있다. 학생과 관련된 어려운 문제가 생기면 지역 사람과 함께 둘러앉아 궁리하거나 혹은 관련된 사람들에게 도움을 요청하는 방법을 선택하지 않는다. 부족한 부분은 그냥 구매하면 된다. 학교 교직원들은 점점 교문 밖에 무슨 일이 일어나고 있는지 알고 싶어 하지 않고, 알 수도 없다. 틈이 있어야, 부족함이 있어야 안팎이 만날 수 있다.

얼마 전 있었던 일이다. 학교에서 나에게 도움을 요청했다. 학교가 학생들과 함께 아이들의 생활공간인 동네 사람들로부터 배우고 싶다는 콘셉트의 활동이었다. 예산도 지원받았다고 했다. 그런데 준비과정에서 조금 서운한 마음이 들었다. 학생들을 잘 만날 수 있도록 돕겠다던 교장선생님의 최초 설명과 다르게 실무를 담당하는 분은 이 활동에 특별한 관심이 없어 보였다. 회의가 끝나고 몇 차례 메시지를 주고받고, 학교로 찾아가 이야기 나누며 의견을 좁혀갔다. 하지만 담당자의 요청은 학교는 지역을 잘 모르니 프로그램 전부를 대신 설계해달라는 것이었다. 그러면서 더 싸게 많은 것을 얻고 싶어 했다. 지역 사람들과 협의하려면 예산을 알아야 한다고 말했지만 얼마의 금액이 책정되어 있는지 공개해주지 않았다. 사람들을 신뢰하지 못하는 눈치였다.

나는 이 과정에서 지역 체험 용역업체 대표가 된 느낌이었다. "차라리 이렇게 된 거 이참에 제대로 된 비용을 한번 청구해볼까요?"라는 말이 입 밖으로 나올 뻔했다. 또 내가 교육에 참여할 동네 사람들을 모으고 중계자 역할을 하면서, 학교와 담임 선생님이 해야 할 역할을 가로막고 있지는 않은지 생각하게도 됐다. 담임 선생님이 미리 준비하고, 공부하고, 흩어져 있는 지역 주민들을 찾아가고, 초대하고, 연결해가는 과정이 중요할 텐데 이대로라면 선생님 입장에서는 놀이동산 체험 가는 것과 지역 체험이 별반 다를 것이 없겠다는 생각이 들었다.

학교의 역할,
흩어진 양육자를 초대하고 연결하자

지출되는 예산이 많고 적고의 문제보다 지역에서 교육을 함께 만들어가는 사람들에 대한 존중과 존경은 중요하다. 외부 강사에게 시간당 20~30만 원은 쉽게 쓰면서 아이의 삶과 가까운 사람들에게 지출하는 3만 원은 너무 비싸다는 인식은 버려야 한다. 시범 사업으로 혹은 내가 담당자일 때 한 번 하고 끝낼 일이라면 이웃과 지역 사람들을 더 싼 값에 사용해버리면 된다. 그러나 그게 아니라면 사람들에게 교육 활동의 취지를 잘 알리고 정성스럽게 부탁해야 한다.

사람들의 마음을 얻으면 우리 동네 아이들을 위한 일이니 기꺼이 참여하겠다는 사람들이 생겨나고, 돈 한 푼 들이지 않고도 더 크게 많은 것을 받을 수도 있다. 그러나 도시 속 동네에서 살아가는 사람들은 흩어져 있고, 바쁘고, 불안하고, 기진맥진해 있다. 계속 더 싼 값으로만 이용하다 보면 지역 사람들로부터 지속가능한 교육 참여를 촉진하기가 점점 더 어려워지고 말 것이다.

낯설고 복잡한 임무가 주어졌을 때, 업무를 빠르고 효율적으로 처리하기 위해서 전문화된 업무 파트너가 필요하다. 그래서 용역도 주고 위탁도 한다. 그러나 지역 사람들은 업체가 아니다. 교육을 함께 고민하며 만들어갈 사람들이다. 다행히 사무를 위탁하고, 효율적으로 용역해줄 사회경제조직이 지역에 있다면 업무 처리에 반가운 일이지만, 이 경우에도 학교 업무를 대행하는 업체로만 대해서는 곤란하다.

학교는 지역 사람들을 교육에 사용하는 소비자이기보다 아이의 삶터를 교육적 토대로 일궈가는 주체여야 한다. 지역 사람들을 서비스 용역 업체와 같이 생각하고 더 싼값을 요구하는 것은 실책에 가깝다.

도시에서 살아가는 대부분의 사람들은 흩어져 있다. 파편화, 원자화된 이웃들이 아이들의 교육적 활동에 연결되도록 초대하고 찾아가며 교육공동체로 일궈가는 것은 학교가 해야 할 새로운 임무다.

학교는 지역을 손쉽게 교육에 사용하기보다 흩어진 개인들을 초대해 둘러앉아야 한다. 그들에게 더 좋은 교육이 무엇인지 묻고, 함께 해결해나갈 일은 어떤 것인지 의논하고, 학교가 구상하는 교육 실천에 구체적으로 도움이 필요한 부분을 부탁해야 한다. 또 함께 만든 작은 성취가 있다면 서로 감사하면서 관계를 쌓아가는 노력이 필요하다.

사람들이 자신의 교육적 책임과 역할을 인식할 수 있도록 촉구하고, 설명하고, 설득하고, 부탁하고, 스스로 할 수 있도록 거드는 일에 먼저 나서야 할 사람과 조직은 어디인가? 나는 이 시대의 교사와 학교에 그 역할이 있다고 생각한다. 최저가로 구매할 수 있는 것이 아니라 함께 만들어가야 하는 새로운 길이다.

AI시대에 교사에게 새롭게 요구되는 능력은 인공지능보다 더 많은 정보로 학생을 더 잘 가르치는 것은 아닐 것이다. 선생님 혼자서 가르치는 데 집중하기보다 아이들의 성장을 도울 다양한 사람들을 연결하고, 부탁하고, 감사하는 일이 교사에게 요구되는 새로운 전문적 역량이다.

07

교육을 돕는 기술과
디지털 상업주의

디지털 교육의 양면성을 인지하자

디지털시대에 미래교육을 준비해야 한다는 목소리가 크다. AI가 학생 개인의 학습 패턴과 심리를 분석한 다음 최적의 학습 코칭을 해주는 에듀테크 서비스를 갖추었다며 자랑하는 학교와 교육 기관, 지자체도 있다.

그러나 최첨단 기술을 통해 더 잘 외우도록 돕고 객관식 시험을 더 잘 칠 수 있도록 돕는 교육은 지나치게 과거 지향적이지 않은가? 이러한 교육은 미래교육이라기보다는 똑같은 지식을 머리에 담는 표준화 교육을 강화하는 결과를 초래하게 될 것이다.

디지털 기술이 교육현장에서 급속도로 도입된 것은 코로나 팬데믹과 무관하지 않다. 재난 상황을 극복하는 데 그동안 준비되어 있던 디지털 기술을 활용하기 시작하면서부터다.

코로나 팬데믹 중에 디지털 기업은 고립된 사람들을 이어주고, 온라인 등교라는 새로운 방식으로 교육적 해법을 제시했다. 디지털 도구는 아이들에게 하나씩 나누어졌다. 초등학교에 갓 입학한 어린 아이들조차 인터넷 아이디를 모두 발급받았고, 각종 디지털 기기와 소프트웨어 활용 경험을 지니게 되었다. 학생 1인당 1대의 태블릿이 보급되고, 온라인 줌 수업, 메타버스 등의 에듀테크 기술이 급속히 확장되었다.

처음에는 낯설기만 했던 디지털 도구의 사용법에 아이들은 빠르게 익숙해졌다. 디지털 도구 사용을 최대한 늦추려던 부모의 교육 방식은 이제는 답답한 것이 되었다. 코로나 팬데믹 이후 아이는 디지털 기기를 활용해서 수업을 들을 수 있었고, 멀리 떨어져 있는 여러 사람과 손쉽게 연결될 수 있었다.

이러한 환경은 디지털 기업에게 호재였다. 아이는 디지털 기기의 현재 사용자이면서 동시에 잠재적 미래 고객이 될 수 있었다. 재난 상황 아래 디지털 기업은 아직 완전하지 않은 베타버전을 아이를 대상으로 시험하면서 사용자 정보를 획득할 수 있었다.

양육자는 디지털 기술과 디지털 기업이 아이에게 끼치는 양면성을 인지하고 있어야 한다. 아이에게 도움이 되는 기술과 디지털 상업주의를 구별할 수 있어야 한다.

디지털 기업들은 미래교육을 돕는 영리하면서 착하기까지 한 집단으로 소개되었다. 그들은 세상 문제들을 해결한 훌륭한 기업 이미지와 함께 아이들의 삶 속 깊숙이까지 자신들의 영향력을 확장할 수 있었고 막대한 이익을 창출할 수 있었다. 글로벌 디지털 기업과 K-에듀라 불리며 명성을 얻게 된 에듀테크 기업들은 거대한 판매 수익을 얻었고 주식 가격은 급격히 올랐다.

새로운 기술은 언제나 매력적이다. 정책을 입안하는 정치인, 행정가, 전문가, 부모를 현혹할 수 있다. 미래를 대비하는 새로운 교육을 제공해야 한다는 강박이 기술 상업주의와 만나면 겉으로는 문제를 해결하는 것처럼 보이지만 아이들의 삶은 현실세계에 발을 딛지 못하고, 디지털 소비자로 쉽게 만들 수 있다는 것을 경계해야 한다.

교육은 새로운 기술과 만나야 한다, 그러나

코로나 팬데믹으로 멈춰버린 교육현장에 나타난 디지털 기술 가운데는 메타버스가 있다. 2021년 교육현장에는 가상현실을 구현하던 메타버스가 유행처럼 번졌다. 학교 입학식과 졸업식, 축제를 가상세계 속에서도 큰 무리 없이 진행할 수 있다고 하며 메타버스는 요란하게 홍보되고 판매되었다. 3D로 하이퍼리얼리즘(극도의 사실성)을 구현할 수 있다고 했다. 메타버스 기술을 빠르게 접목한 학교와 활동은 주목받았고, 전문가들은 학회를 열어 가상현실 기술과 아이들을 빠르게 만나게 해야 한다고 주장했다.

미성숙한 디지털기술과 플랫폼을 활용해 프로그램을 기획하고, 운영해본 사람들은 다들 불편함을 느꼈다. 나도 여러 행사와 교육 현장에서 메타버스를 경험해봤으나 그때마다 많이 허접했다. 아직 그 기술 자체의 사용자 편의성이 높지는 않았고, 교육에까지 급하게 도입해야 할지 생각해봐야 하는 시점이었다. 초현실 기술은 사람들이 즐기는 오락거리로는 충분하지만, 가상현실이라는 말처럼 현실로 느낄 수 있으려면 더 많은 기술적 발전이 있어야 했다. 그런데도 유행처럼 번졌던 건 디지털 기술을 만드는 기업이 의도한 일은 아니었을까?

양육자는 가상세계로 아이가 달려가도록 할 것이 아니라, 현실 세계를 탐구하는 힘을 기르도록 도와야 한다. 아이가 자신과 세상에 대해 생각하는 힘을 기를 수 있도록 지지하는 방향이 되어야 할 것이다.

교육은 새로운 기술과 만나야 한다. 아이들이 새롭고 유용한 도구를 사용하여 더 잘 배울 수 있도록 돕고, 삶 속에 활용할 수 있도록 하는 일은 중요하다. 하지만 에듀테크를 무조건 좋은 것이라고 무비판적으로 받아들이기보다는 정말 교육에 도움이 되는지도 살펴보고, 기술상업주의가 순한 양의 탈을 쓰고 달려들고 있는 것은 아닌지도 한 번 살펴볼 일이다. 디지털 기술은 아이의 세계를 연결시키는 동시에 분리시킨다. 양육자는 디지털 기술의 사용 환경을 이해하고 양면성을 제대로 인지하고 지도해야 한다.

디지털 기술 혁명을 통해서 인공지능 로봇이 인간이 해야 할 단순하고 반복적이고, 위험한 많은 일들을 대신해주는 세상이 온다면 반가운 일이다. 하지만 기술은 적정 단계에 머물러 있기보다 훨씬 더 고도로 발달한다. 고도화된 기술이 오히려 아이의 미래 직업을 위협할 수도 있다. 인간을 위협할 수 있는 기술에 대한 전망은 이미 너무나 많다. 그렇다면 인간은 무엇을 해야 할까?

나는 디지털 기술 발전과 함께 인간은 기술이 하지 못하는 더 인간적인 것들은 추구하는 것이 바람직하다고 생각한다. 그곳에 기회와 가능성이 있다고 생각한다. 인간이란 무엇이고, 인간이 더 잘할 수 있는 것은 무엇인가? 만나고, 관계 맺고, 상상하고, 생각하고, 놀이하고, 소중한 것을 지키기 위해 무모한 도전이라도 하는 것 아닐까? 기계가 절대 대신할 수 없는 것들이다.

따져볼 시간도 없이 너무나도 급하게 아이의 삶 속으로, 교실 안으로 디지털 기술이 들어왔다. 에듀테크에도 새로운 사회적·윤리적 기준이 필요하다. 이 윤리적 기준을 세우는 일은 디지털 기업과 일부 전문가들만의 몫이 아니다. 선생님과 학생, 학부모가 참여해야 한다.

도통 어떤 일에도 아이가 깊은 관심을 보이지 않아

걱정이라는 부모를 저는 자주 만납니다.

고민을 토로하는 부모에게 저는 말합니다.

"자신의 세계를 사랑하는 법을

가르쳐주는 것이 먼저입니다."

그러면 더 넓은 세계도 사랑하는 마음을 배웁니다.

2장

"내 말은 그게 아니라요…"
아이가 말하지 않는 진짜 속마음

01

"요즘 아이들 어때요?"

당신은 요즘 보통의 어른으로 대접받고 싶나요?

·

청소년시설에서 일하는 나에게 여러 사람들이 묻는다.

"요즘 아이들 특징이 있을 텐데요. 무엇인가요?"
"아이들에게 인기 있는 아이돌과 유행하는 음악은 뭐예요?"

아쉽게도 나는 잘 모른다. 그래서 내 대답은 고작 "개성과 취향
이 중요한 시대인 듯해요. 다 달라요."라고 애매모호한 답을 하는

정도다.

동시대를 살아가는 아이들에게도 비슷한 고민과 유행이 있을 것이다. 또한 아이들 사이의 트렌드를 분석하는 것은 아이들을 위한 공간을 설계하고, 운영 전략을 마련하고, 프로그램을 개발하는 데 중요하다.

아이를 직접 대면하며 현장에서 일하는 어른은 아이의 발달적·사회적·심리적 특성을 고려하여 활동을 준비해야 한다. 최신 유행하는 그룹의 가수 이름을 외울 수 있고, 아이돌 그룹 노래 몇 곡쯤은 따라 부를 수도 있고, 아이들의 말 줄임을 능숙하게 해석하며, 요즘 아이들의 트렌드를 분석하고 자신 있게 말할 수 있는 양육자 어른은 참 멋지다. 트렌드를 잘 반영한 프로그램은 아이에게 많은 선택을 받을 수도 있겠다. 이렇게 요즘 아이들의 트렌드를 찾아 활동에 적용하는 일은 칭찬받을 만큼 좋은 일이다.

그런데 다르게도 생각해볼 일이다.

'나는 요즘 보통의 어른으로만 대접받고 싶은가?'

요즘 아이들의 관심과 유행에 따라 수많은 프로그램을 만들어 제공하는 것보다 훨씬 더 중요한 것은 아이에게 묻고, 의논하고, 부탁하며 함께 만들어가는 태도다. 예전 아이, 요즘 아이 할 것 없이 아이 한 명 한 명은 사람으로서 존중받고 싶고, 스스로 할 수 있는 존재가 되고 싶고, 누군가에게 도움 주는 꽤 괜찮은 사람으로 살고 싶은 본질적 심성을 지니고 있다.

아이를 대하는 태도는 고객을 맞이하는 방식과는 달라야 한다. 소비자로서 길들여지고 있는 아이를 우리의 공동체를 함께 만들어가는 한 사람의 시민으로서 초대해야 할 것이다.

"고민 없어요."라는 대답 속에 숨은 진짜 속마음

•

코로나 팬데믹 중이던 때, 공릉동 중학생 100명에게 지금 고민이 무엇인지 물었다. 친구관계가 어렵다, 성적을 어떻게 올릴까, 키가 걱정이다, 숙제가 너무 많다, 휴대전화 사용 등 여러 가지 대답 가운데 눈에 띄는 대답이 있다.

> "스트레스는 많은데, 고민은 없다."
> "생활은 만족한다."

아이에게 "요즘 고민이 뭐야?"라고 물으면 "고민 없는데요."라는 답을 어렵지 않게 들을 수 있다. 고민이 많다고 답하는 것보다야 안도감이 생길 수 있다.

하지만 아이들과 만나는 현장에서의 내 경험에 비추어보면 "고민 없다."라는 말을 그대로 믿을 수만은 없다. 아이는 자신을 괴롭

히고 두렵게 하는 꼬리에 꼬리를 무는 생각이 있지만 아직 신뢰할
만한 관계가 아니라서 말을 못하거나, 곰곰이 생각해보지 않았거
나, 자신 둘레의 소중한 사람들과 관련된 이야기여서 숨기고 싶거
나, 내면에서 아직 정리되지 않은 생각을 어떻게 표현할지 몰라서
"고민 없는데요."라고 표현하기 십상이다.

그래도 어느 정도 친밀한 관계가 생긴 아이에게 물어보면 고민
을 살짝 이야기해주곤 한다. 고민 대부분은 관계에서 출발한다. 공
부가 걱정이라고 말하지만 그 속에는 "부모님의 기대를 꺾는 게 두
렵다."라는 뜻일 때가 많다. 친밀한 부모와의 관계를 자신이 부족해
서 망쳐버리지는 않을지 걱정하는 것이다.

또 부모 사이에 느껴지는 아슬아슬한 갈등관계가 걱정인 아이
도 있다. 친구관계가 멀어질까 봐 걱정하는 아이, 친구가 없어서 걱
정된다는 아이도 있다. 또 다른 아이는 "다 괜찮아 보이는데 나만
다르고 이상한 사람같이 느껴져 불안하다."고도 한다. 진로와 진학
이 걱정이라고 말하는 아이는 자기 꿈을 당차게 말하는 친구를 보
면서 자신만 뒤처질까 봐 불안해한다.

부모의 질문에 아이가 "고민 없다."라고 말한다면 말 못할 속마
음까지 꺼내놓도록 취조하지 말고, 우선은 그냥 꼭 안아주자. 언제
든 고민이 생기면 말할 수 있는 든든한 사람이 있다고 느끼도록 말
이다.

어느 날, 내 아이가
완전히 입을 다물었다

·

　나는 앞으로 아이들의 미래가 어떨지 잘 예측할 수 없다. 하지만 아이들 스스로는 자신에게 닥칠 미래를 그렇게 긍정적으로 보고 있지 않은 것 같다.

　내 첫째 아이가 중학교에 입학할 때 코로나 팬데믹 상황이 벌어졌다. 입학식도 없이 중학생이 됐고, 이름도 얼굴도 모르는 선생님과 친구들이 한 반으로 묶였다. 하루 종일 온라인 수업이 이어졌다. 같은 반 아이들은 카톡방에서 연결됐지만 내 아이는 개인 휴대전화가 없어 친구들과 온라인 줌 수업 이외에는 연결될 길이 없었다. 아이는 같은 반 아이들과 연결되지 않아도 크게 불편해하지 않았다. 작은 초등학교에서 소수의 아이들과 여러 해 동안 만들어진 밀착된 관계에 지쳐서인지, 오히려 어쩔 수 없이 벌어진 단절에 만족해했다. 온라인 수업으로 충분히 할 수 있는데 그동안 아침 일찍 일어나서 세수하고 차를 타고 등교해서 하루 종일 불편한 책상에 앉아서 다른 아이들과 어렵게 마음을 맞춰가며 선생님의 잔소리를 듣는 학교에는 왜 다녔는지 후회하는 듯도 보였다.

　등교를 하지 않자 온라인 수업시간에 맞춰서 8시 50분에나 일어났다. 세수도 하지 않고, 옷도 갈아입지 않고서 컴퓨터를 켰다. 어떤 날은 학교 담임선생님이 아이 엄마에게 전화를 걸어왔다. 온라인 수업에 접속하지 않은 학생들을 깨우는 전화였다. 아이는 아직 잠들어 있었다. 어젯밤 늦도록 온라인 세계를 탐험하느라 잠들지 못한 것이었다.

그 후로도 아이는 매일 컴퓨터와 온라인 게임기를 붙들고 있었다. 밤을 세는 일은 잦아졌고, 갈수록 말이 없어졌다. 설득도 하고, 기다리기도 하고, 밤 12시 이후 인터넷을 차단도 해보았지만 소용없었다. 컴퓨터 이용을 제한하자 수행평가를 해야 하는데 아빠가 방해한다고 소리쳤다. 그러면 나는 '아빠는 부모로서 자녀의 건강한 성장을 도와야 하는 책임이 있다.'라는 설명으로 답했다. 하지만 아이는 '나는 지금 충분히 건강한데 아빠는 내 행복을 방해하는 사람'이라고 독한 말을 쏟아내기도 했다. 사춘기 소년으로서 충분히할 수 있는 말이라고 생각했지만 내게는 상처가 됐다. 참지 못하고 목소리가 올라가고, 몽둥이를 들고 위협할 때도 여러 번 있었다. 양육자로서 부족한 내 모습이 부끄러웠다. 조금 시간이 흐르고 감정이 가라앉으면 뒤늦은 후회가 밀려왔고, 미숙한 내 대처방식을 자책했다.

그러던 어느 날 내 아이가 입을 완전히 다물었다. 그리고는 두 달이나 지났다. 사춘기여서, 그냥 성격이 내성적이어서 벌어질 일은 아닌 듯했다. 곁에 가서 말을 걸고, 치료와 상담을 해보자는 제안을 했지만, 꿈쩍도 하지 않았다. 식탁에 앉아서도 밥을 먹는 둥 마는 둥 하고, 아무 말도 하지 않았다. 갑자기 졸음이 쏟아지는지 밥을 먹다가 잠들어버린 적도 몇 번이나 거듭됐다. 눈치를 보아하니 컴퓨터도 온라인 게임도 이제는 재미없는 것 같았다. 뜬금없이 내뱉는 한숨은 깊어지고, 우울하고 무기력한 모습으로 하루하루를 보냈다. 갈수록 어두워지는 아이를 그냥 내버려둘 수 없었다.

"병원에 갈래, 상담을 받아볼래? 둘 중에 하나는 꼭 해야만 해."
"아빠는 나를 이상하다고 생각하지?"

아이의 말에 주춤했다. 그냥 믿고 기다려주지 못한 것을 들킨 것 같아 뜨끔했다. 하지만 뒤로 물러날 수 없었다. 다시 몇 날 며칠을 설득해서 상담실에도 가고, 한방병원에도 갔다. 그러나 나아질 기미는 보이지 않았다. 그런데 한 달쯤 후 아이가 식탁에서 나에게 먼저 말을 건넸다.

"아빠, 그런데 기후위기가 그렇게 심각하지 않더라?"
"왜 아주 심각하지 않나? 세상이 온통 난리잖아. 그레타 툰베리도 그 문제 때문에 학교 결석 시위도 하고 유엔에 가서 연설도 하는 걸."
"문제가 있다는 거는 나도 알아. 그런데 나는 당장 망할 줄 알았어! 내가 수행평가 하느라고 기후위기 때문에 가라앉고 있다는 투발루섬도 찾아보고, 빙하가 얼마나 녹았는지도 찾아보고 기후 변화 현상들을 찾아봤거든. 그런데 한꺼번에 다 죽거나 그런 일은 없을 것 같더라. 지구는 서서히 안 좋아지는 것 같아."

아이를 무기력에서 구해낸 지성의 힘

•

나는 그제야 내 아이의 마음과 그동안의 행동이 조금 이해되었다. 누구든지 당장 망할 것같이 느껴진다면 열심히 살 이유를 찾을 수 있을까? "당장 망할 줄 알았다."라는 아이의 말에 내가 실수한 것들이 생각났다. 환경에 대한 민감한 감수성이 필요하다 생각해서 쓰레기 산이 높아지고, 호주와 미국 산불이 꺼지지 않고, 남극과 북극의 빙하가 녹았다는 등 점점 더 어둡고 부정적인 소식만 전달한 것 같았다. 사람들이 함께 노력해서 조금씩 좋아진 것들을 찾아서 이야기하지 못한 게 스스로 안타까웠다.

내 아이를 무기력에서 조금씩 빠져나올 수 있게 해준 것은 지성의 힘이었다. 모호하고, 불확실한 미래에 겁나고 두려울 때 정확한 데이터와 근거를 찾도록 해준 수행평가 과제가 있어서 다행이라고 생각했다.

그런데 내 아이가 다시 깊은 한숨을 쉬며 걱정을 이야기한다.

"나는 코로나보다 저출생 고령화가 우리나라에는 더 큰 문제인 것 같아. 아빠, 그런데 나는 아빠 같은 직장을 가질 수 있을까? 아빠만큼 돈을 벌 수 있을까?"

이는 몇몇 아이에 한정된 걱정이나 우려가 아니다. 많은 아이가 부모세대가 젊은 시절에는 하지 않던 걱정을 한다. 부모세대는 어린 시절 열심히 하면 좋은 미래가 찾아온다는 희망을 꿈꿀 수 있었지만 지금 세대는 어떤가? 거듭되는 전쟁, 대형 산불, 참사, 기후위기, 코로나뿐만 아니라 인류를 강타한 전염병, 인구 감소, 지방 소멸, 직업을 위협하는 AI의 고도화된 발달 등 미디어를 통해 아이가 접하는 세계는 우려로 가득하다.

어느 정도의 불안은 미래를 준비하게 해주고, 어쩔 때는 일의 능률을 높여줄 수도 있다. 삶에서 불안은 따라다닌다. 부모세대 역시 학창 시절에 지금과는 또 다른 불안을 항상 지니고 살아왔다. 하지만 지금의 자녀세대는 부모세대와 다르게 훨씬 더 불안할 수밖에 없는 구조 속에 놓여 있다.

위기와 재난은 그 자체로도 심각하지만 당장 눈앞에서 직접 경험하지 않고 있는 사람들에게까지 영향을 미친다. 온갖 미디어를 통해 아이의 손바닥 위 휴대전화로 전송된다. 그러한 현실을 대하는 아이의 방식은 무관심해버리거나, 겁에 질려 움츠러드는 것이다.

코로나 팬데믹 이후 어느 날 갑자기 눈빛을 피하고, 마음과 몸이 움츠러든 아이들을 어렵지 않게 만날 수 있었다. 그 여파는 아직 가시지 않았다. 멀쩡하게 학교를 잘 다니던 아이가 어느 날 갑자기 집 밖으로 나오려 하지 않는다. '아무것도 하고 싶지 않다.', '집 밖은 위험하고, 불안하니 차라리 숨어버리겠다.' 생각하며 스스로 단절을 택하고 있는 아이를 도울 방법을 찾아야 한다.

코로나 팬데믹은 이제 끝났다고 안도하며, 어른들은 또다시 경쟁과 발전을 외치지만 아이들의 불안, 고립, 단절, 무기력은 이제부터 더 심화될 수 있다. 그러한 조짐도 이미 보이고 있다. 사회생활을 잘하던 사회 초년생이 집 밖으로 나오지 않으려 하고 사람들과의 관계를 끊는다. 고립·은둔 청년이 이미 수십 만 명에 이른다고 한다. IMF시기에 출생했던 아이들이 N포세대, 헬 조선을 외치는 젊은 세대로 성장하게 된 것에 주목해야 한다.

02

붕어빵틀 같은
진로 교육

"진로교육을 원한다"는 아이 대답에
숨은 진짜 마음

학교와 청소년기관, 도서관 등 곳곳에서 진로교육이 활발히 이뤄지고 있다. 그런데도 아이들에게 "어떤 도움이 필요한가요?"라고 물어보면 대다수 아이는 그 첫 번째로 진로교육이라고 답한다. "더 많은 진로 프로그램을 해주세요."라는 말은 부모에게서도 듣게 된다. 직업 세계가 다양하다는 것을 아이들이 배웠으면 좋겠다는 것이다.

그런데 이미 수많은 진로교육과 진로활동이 이뤄지고 있고, 다양한 직업의 세계를 보여주고 있다. 학교, 도서관, 사설 교육업체 등 진로교육 프로그램을 제공하는 단체는 아주 많다. 그뿐만 아니라 다양한 직업의 세계를 보여주는 미디어 프로그램은 「유퀴즈」, 「극한직업」 외에도 유튜브에도 아주 많다. 더 많은 직업과 진로를 보여주는 것이 진로교육이라면 이미 부족하지 않다.

점점 더 복잡해지는 세상을 살아갈 아이가 진로교육을 통해 다양한 세계를 보고 스스로 동기부여가 되기를 부모는 바라지만, 정말 그렇게 되고 있을까?

매년 조사하는 아이들의 고민 순위에서 오랫동안 공부가 1순위였다. 그 뒤로 '진로(직업), 외모, 친구, 부모님의 갈등' 등의 순으로 이어졌다. 그런데 최근 몇 년간 아이들의 고민 순위가 바뀌었다. 공부보다 진로와 직업이 1순위로 떠올랐다. 경제위기, 청년실업, 4차 산업혁명, 불확실성 등의 언어가 사람들을 더욱 조급하게 만들고 이는 아이의 세계에도 고스란히 반영되었다.

'만만하지 않은 세상'을 헤쳐나가야 한다고 어른들이 말하니 아이는 점점 불안해진다. 아이가 "더 많은 진로 교육이 필요하다."라고 답하는 건, 어른으로부터 받은 질문 "세상 만만하지 않다. 너는 어떤 직업을 가지고 살 거야?"에 대해 마땅한 답을 찾지 못한 아이가 내뱉는 하소연이라고 보아야 한다. 그러나 어른들은 아이가 스스로의 욕구로 "진로교육 더 해주세요."라고 요청했다고 착각한다.

진로교육이 필요하다는 아이의 진짜 마음은 "저, 불안해요."라고 호소한 것으로 이해하는 것이 올바르다. 그러므로 그 대답을 듣고서 더 많은 정보를 주고, 더 열심히 노력하지 않으면 원하는 삶을 살 수 없다는 공포주입식 진로교육으로 대응해서는 안 된다.

아이의 불안은 동력이 되기도 하지만 자칫 아이를 겁에 질리게 하고 옴짝달싹도 못하게 만들 수 있다. 아이가 미래에 어떤 직업을 가질지 스스로 정확히 말해야 하고 만약 그렇지 않다면 꿈이 없는 아이로 여기거나 목표가 없는 아이로 규정하는 사회는 과연 좋은 사회인가? 불확실성의 사회를 사는 어른도 정확한 답을 찾지 못하는데 아이도 좀 애매모호해도 괜찮지 않나?

지금 우리는 어른이 가지는 미래에 대한 불안을 아이에게 전가하고 있는지도 모른다.

진로교육은 유명인을 초청하는 행사가 아니다

•

아이의 요청에 어른은 응답한다. 아이의 진로를 대신 결정해줄 수는 없으니, 뛰어난 직업인을 초대해서 강좌를 여는 것으로 해결하려고 한다. 하지만 유명한 사람을 초대하고, 홍보를 열심히 해도 정작 아이들은 잘 찾아오지 않는다. 현장에 몸이 와 있다고 해도 수동적이고, 하품을 하고, 졸기도 하고, 언제 끝나는지를 반복해서 묻는다. 한마디로 관심이 없다. 적극적이지 못하다. "진로교육이 필요하다."고 말했지만 현실에서는 매번 시큰둥한 분위기다. 저조한 반응을 접한 어른은 이러한 아이의 반응을 '더욱 성공한 유명인을 현장에서 만나고 싶다.'라는 것으로 받아들인다.

그래서 '개통령을 불러오자.', '펭수를 부를 수 없을까?'라는 생각에까지 이른다. 섭외할 연락처도 없고 강사료로 넉넉히 지급할 돈도 없지만, 아이가 좋아하는 것을 찾아서 무턱대고 진로교육이라는 이름으로 제공하는 것은 바람직하지 않다. 진로교육이 팬미팅은 아니지 않은가?

아이는 지나친 입시경쟁 속에서 "나는 누구인가?", "어떻게 살고 싶은가?"라는 본질적 질문을 진득하게 하고 있을 수 없다. 성적에 따라 대학과 학과는 결정된다. 그러기에 대체로 교육과정 속에서 이루어지는 진로교육은 삶을 흔들고, 해답을 스스로 탐색하게 하는 질문이 되지 못한다. 빠르고 확실하게 답을 내려주어서, 학습동기를 부여하는 수단이 학교에서 이뤄지는 진로교육이다.

이러한 과정에서 자칫 특정 직업인에 대한 환상을 심어주거나, '나는 능력 있는 사람이 아니'라는 열패감을 아이들이 일찌감치 느끼고 배우게 될까 봐 걱정된다. 열심히 살면서도 사회적으로도 경제적으로도 풍족하지 않으면, 마치 공부하지 않아서 벌받은 것처럼 여전히 아이에게 가르치고 있다. "너도 공부 안 하면 저 아저씨처럼 되는 거야."라는 식의 공포주입식 진로교육이 "꿈을 가지라."는 말보다 아직도 우리 일상 속에 더 많다.

자신의 미래를 위해
선택하는 힘을 키우자

•

삶은 크고 작은 선택의 연속이다. 어떤 선택은 그 과정이 어렵고 힘들지만 피할 수 없다. 그래서 선택의 기로에 서게 되었을 때 성장 과업이라고 받아들이는 게 중요하다. 내 삶과 연결된 크고 작은 선택들을 하나씩 하다 보면 그 속에서 내가 누구인지, 무엇을 좋아하고 잘하는지를 발견하게 된다. 나를 잘 알지 못한 채 선택하지만 선택하는 그 자체가 나를 알아가는 과정이 된다.

영화 「포레스트 검프」에 나오는 초콜릿 상자처럼 인생은 알 수 없다. 나 역시 지금의 직업을 20년 이상 하게 될지 알 수 없었다. 누구나 나 자신과 닥친 상황을 꼼꼼히 들여다보지 못한 채로 여러 가지 선택을 해야 한다.

아이의 실수를 줄이기 위해서 부모는 대신 고민하고, 대신 선택해서, 아이가 고민하지 않고 움직일 수 있도록 촘촘히 스케줄을 짜주기도 한다. 그러나 점점 더 다양하고 복잡해지는 세상에서 아이가 자신에게 맞는 직업을 가지고 행복을 추구하며 살기를 바란다면 스스로 더 좋은 선택을 할 수 있는 힘을 기르는 편이 낫다.

자신에게 딱 맞는 직업을 선택하기란 쉽지 않다. 직업세계를 잘 파악하지 못한 상태에서 우리는 선택해야 하고, 아무리 준비를 철저히 하더라도 내가 가진 개성과 능력이 적재적소에 활용되기 또한 쉽지 않다.

내 적성과 소질을 잘 파악하고, 직업세계를 깊이 이해한다고 해서 정확히 그 일을 하게 되고 즐겁게 지속하는 것도 아니다. 그런데도 우리 사회는 지난 10년 이상 진로교육이라는 주제에 대해서 지나치게 깊이 고민하고, 마치 정답처럼 자신에게 꼭 맞는 직업을 누구나 한 번에 선택할 수 있는 것처럼 수많은 교육활동을 만들고 있다.

'진로교육과 체험'이 아닌 '진로 경험'을 주자

나는 대단한 성공스토리를 소개해주는 진로교육과 체험의 대상자가 되게 하는 것보다, 자신이 살고 있는 곳에서 구체적인 활동을 하게 하는 것이 불확실한 미래에 대한 불안은 줄이고 자신감을 키우는 진로 경험이라는 확신이 있다. 나는 아이가 자신의 삶 속에서 직접 만들어가는 작고 구체적인 경험들이 진로 선택에 큰 도움이 된다고 생각한다.

경험을 통해서 "나도 할 수 있다."라는 자신감을 가질 수 있어야 미래에 대한 불안이 줄고 자신감이 생긴다. 아이는 온라인 속 세계나 키자니아, 잡월드 같은 만들어진 세상이 아닌 진짜 세상에서 스스로 경험을 하면서 더 크게 성장한다.

「프리덤 라이터스 다이어리」라는 영화는 미국 슬럼가에 위치한 학교를 배경으로 만들어졌다. 희망을 잃어가고, 무기력하고, 폭력적인 아이들이 새내기 그루웰 선생님과 만나며 변화하는 이야기다. 학교폭력, 마약, 따돌림과 인종차별, 등교거부, 총기사고, 폭력단체 가입 등 복잡한 문제에 둘러싸인 아이들에게 다가가는 선생님은 교과서를 가르치는 것보다 아이들의 입장에 서서 상처받은 마음을 이해하기 위해 노력한다. 선생님은 아이들이 자신들의 어두운 경험을 자유롭고 용기 있게 표현할 수 있도록 글쓰기를 권장하고, 거친 그들의 삶에 이전과는 다른 경험을 선물한다. 박물관에 가고, 근사한 저녁식사를 하고, 학생들이 직접 조직한 행사를 만들고, 학생들이 초청한 특별한 작가와의 만남 시간을 개최하기도 한다. 아이들은 자신이 스스로 만든 경험을 다이어리에 글로 남긴다. 자기 삶을 자신의 언어로 해석하면서 아이들은 배움의 의지가 생겨나고, 새로운 삶을 선택하게 된다. 문제아로 불리던 대부분의 학생들이 학교를 졸업하고, 대학교에 진학하고, 취업을 한다.

자기 언어로 자신의 삶을 해석할 줄 알면 새로운 세계가 열린다. 우리는 공릉동이 슬럼가는 아니지만 그루웰 선생님처럼 아이들이 직접 자신의 경험을 만들어갈 수 있도록 했다. 프로젝트의 말미에는 자신의 경험을 회고하여 글과 말로 표현하게 한다. 아이들은 지역 사람들과 함께 축제를 운영하고, 토론회를 만들고, 놀이를 기획하고, 빵을 굽고, 바느질을 해보거나 또래와 함께 청소년자치단체 활동을 하는 등 사회에 긍정적인 영향을 주는 프로젝트 활동을 한다. 자신이 주도하는 경험이라는 측면에서 의미가 있다. 아이는 이 경험을 통해 자신과 사회를 더 잘 이해하고, 자신의 역량을 알게 되며, 앞으로 더 잘해내고 싶은 동기를 얻는다.

성공스토리를 좇기보다
자신의 대단한 능력을 깨닫도록 하자

•

한번은 바느질로 마을지도를 만들던 날이었다. 어느 학부모가 말했다.

> "왜 아이들에게 의사나, 변호사, 기업인같이 성공한 직업인을 소개해주지 않고, 평범한 동네 사람들을 소개하나요?"

아쉬움 섞인 이야기였다. 그러자 누군가 "의사가 되려면 바느질도 중요할 텐데."라고 말했고 웃어버렸지만 프로그램을 준비한 나로서는 속이 상했다.

성공한 직업인을 만난다 해도 아이는 부모와 선생님의 의도대로 쉽사리 동기부여되지 않는다. 그것과 마찬가지로 바느질 공예가를 만난다고 모두가 공예가의 길을 가지 않는다. 아이는 아주 특별하게 성공하지 않아도 자신의 호흡으로 살아가고 있는 사람을 보면서 안도감을 느낀다. 부족해 보이는 자신에게도 숨겨진 능력과 개성이 있다는 것을 알게 된다.

진로교육으로 성공스토리를 소개해주는 것은 부모의 욕구를 담고 있다. 왜 아이가 생각하고 펼쳐나갈 수 있는 다양성을 없애고 다른 사람과 비슷한 꿈을 가지라고만 하는가? 진로교육이 유행만을 좇고, 스포트라이트를 받는 사람만을 조명하다 보면 보통 사람들의 삶은 무엇인가 잘못 살아온 것같이 느껴진다. 유명하지 않으면, 좋은 대학에 가지 못하면, 돈을 많이 벌지 못하면, 큰 집이 없으면, 왠지 잘못된 것 같은 패배감을 진로교육을 통해 간접적으로 학습하게 된다.

아이는 꿈을 꾸며 살아야 한다. 그런데 어른은 꿈꾸지 않으면서 아이만 꿈꾸라고 하면 될까? 강요하고 억압한다고 느껴질 것이다. 아이가 꿈꾸게 하려면 양육자가 먼저 희망찬 미래를 꿈꿔야 한다. 아이가 더 많고 다양한 꿈꾸는 사람을 만날 수 있도록 도와야 한다. 그들에게서 부모가 들려줄 수 없는 새로운 삶의 이야기가 아이에게 전해질 수 있도록 해야 한다.

공릉동 사람들은 매년 아이들과 함께 동네 사람들을 만나고 인터뷰해서 『백인백색』이라는 이름의 책을 발간한다. 또 다른 프로그램에서는 세상의 변화를 위해 자신의 자리에서 실천하는 사람들을 만난다. 보통의 진로교육에서 쉽게 만날 수 없는 다양한 사람을 초대한다. 예를 들면 쓰레기 박사, 골목을 디자인하는 청년 예술가, 난민과 친구가 되는 활동가 등이다. 아이들은 축제 기획에 직접 참여하고 각기 프로젝트를 진행하면서 어린이, 청년, 청소년, 노인, 시장 상인, 공예가, 장애인, 빵집 주인, 마을활동가 등과 함께 만나고, 이야기 나눈다. 함께하는 활동만으로도 나와는 다른 사람에 대한 낯섦을 극복하고, 다양성을 배우는 시간이 된다.

　미디어와 교과서, 선생님과 부모가 들려주는 익숙한 이야기에도 감동받고 좋은 사람이 될 수도 있다. 하지만 낯선 만남과 익숙하지 않는 환경, 새로운 이야기에 사람은 감화되고, 몰랐던 세상을 알게 되고, 더 포용적인 사람으로 변화한다.

03

불안한 세상에 아이는
어떻게 맞설까?

아이가 불안한 세상에 대처하는
3가지 방법

아이 한 명 한 명은 각기 다른 개성과 취향을 지녔지만, 동시대를 살아가는 아이들은 서로의 상황을 공유하며 비슷한 문제들과 맞서며 해법을 찾는다. 재난의 시대인 코로나 팬데믹 이후 아이들은 어떤 문제들과 맞서게 될까?

도시 속에서 바쁘게 살아가는 어른이 느끼는 불안을 아이도 느낀다. 뉴스를 틀면 나오는 사건과 사고, 자신의 미래를 위협하는 심각한 취업난과 저출생과 기후위기 문제, 하나의 관문을 지나면 또다시 더 열심히 해야 하는 데 대한 두려움은 무력감으로 이어지기도 한다. 아이도 세상의 상황을 보고 있다. 아이의 입장에서 세상을 바라보면서 지금 우리가 어디에 집중해야 할지 생각해봐야 한다.

아이가 불안한 세상과 맞서는 방법은 크게는 3가지다.

① 무시와 망각, 도피

첫 번째는 무시와 망각 그리고 도피다. 대부분의 아이가 사용하는 방법이다. 무시와 망각만큼 손쉬운 방법은 없다. 복잡한 세상 문제에 관해 곰곰이 생각해봐야 특별한 답이 없으니, 그냥 생각하지 않고 무시하고 살아가려 한다.

아이에게 "기후위기에 대해 어떻게 생각해?"라고 묻는다면 보통은 "관심 없어요."라는 말로 표현한다. 그런데 아이의 표현 속에는 "화나요.", "어른들을 믿을 수 없어요.", "너무 늦었어요.", "별수 없잖아요."라는 마음이 숨겨져 있다. 가끔은 어른에 대한 적대적 마음을 드러내는 경우도 있지만 대체로는 무관심한 태도로 반응한다.

정말 관심이 없는 아이도 있지만, 무시하고 망각할 수 있는 방법으로 즉흥적인 즐거움을 선택하기도 한다. 확실한 보상이 있는 게임 속으로 깊이 들어간다던지 스마트폰 속 세상에 더 몰두한다. 망각을 위한 중독은 어른에게서도 쉽게 볼 수 있다. 알코올, 약물 등은 현실의 불안을 쉽게 망각할 수 있도록 도와준다.

② 지성을 활용하기

둘째는 자신의 지성을 활용하는 것이다. 거대한 세상의 문제에 대해 생각하면 막연하고 두렵기 마련이다. 그 문제가 무엇인지 파고들어 구체적인 내용을 살펴보는 것으로 불안이 경감될 수 있다. 학교 수업 혹은 수행평가를 통해서 세상 문제에 대한 보다 정확한 정보와 지식을 얻을 수 있도록 안내하는 것은 그래서 중요하다. 문제를 정확히 알면 두려움은 조금 줄어든다.

기후위기에 대한 이야기를 지나치게 많이 들었던 한 아이는 세상이 곧 망할 줄 알고서 입을 다물어버렸다. 하지만 학교에서 내준 수행평가 '기후위기에 대한 근거 있는 글쓰기'를 통해서 '큰 위기 상황이지만 지구가 당장 한꺼번에 망하지는 않겠구나.' 하고 생각했고 삶의 태도를 전환했다. 근거 있는 지식을 학습하고 생각하는 힘을 기르는 교육은 불안을 극복하기 위해서도 쓸모 있다.

③ 한 발을 내딛어보는 체계적 둔감법

셋째는 한걸음 내딛어보는 것이다. 한 발 한 발 조심스럽게 발을 내딛어 불안에서 탈출하는 방법을 체계적 둔감법이라고 한다. 아이는 삶 속에서 한 발 한 발 내딛어보며 조금씩 도전하고 있다. 약간의 대인기피증으로 고립되어 있던 아이도 익숙하고 편안한 공간에 가보고, 대중교통을 이용해보고, 학교에 출석만이라도 하고, 친숙했던 친구들부터 만나보는 등 조금씩 할 수 있는 것을 늘려가면서 불안을 줄이기 위해 스스로 노력한다. 아이가 더 나아가서 독서모임에 참여하고, 작은 실천을 위한 동아리 활동을 할 수도 있으면 좋겠지만 함부로 강요할 수 없다. 하지만 마음에 맞는 친구가 권하거나, 담임 선생님이 살짝 제안해주면 조금씩 더 앞으로 나갈 수 있다.

온라인 세상에서 어느 때보다 확장된 세계에 살고 있지만 아이러니하게도 요즘 아이들은 관계와 연결의 문제를 깊이 겪으며 단절되고 있다. 혼자서는 너무도 두려운 일도 함께라면 할 수 있다. 두렵지만 한 걸음 한 걸음 내딛어보면서 차근차근 불안에서 벗어날 수 있다.

"오전만 여기 있다가 학교에 갈게요."

•

아침 9시가 넘었다. 학교 등교시간이 지났다. 그런데 중학교 1학년에 입학한 태겸이가 교복을 입은 채로 혼자서 우리 건물로 걸어들어온다. 태겸이의 아버지는 명문대학을 졸업한 의사다. 아이는 아버지처럼 똑똑하지 못한 자신에게 스스로 너그럽지 못하다. 자기는 잘하는 것도 없고 늘 부족하다고 생각한다. 게다가 얼마 전 진학한 중학교에서 낯선 선생님, 새로운 친구들과의 관계에서 적응하기가 힘들다.

집에 솔직하게 말하려니 부모님의 기대에 실망을 주는 것 같고, 엄한 아버지로부터 혼날 것만 같다. 아침에 교복을 입고 나오지만 학교에 바로 등교할 마음의 준비가 되지 않아서 교문을 통과할 수 없다. 마음 편히 가 있을 곳이 없으니 태겸이는 우리 청소년센터로 온다. 우울한 표정을 하고 한 쪽 구석에 가만히 앉아 있다. 우리는 태겸이가 오면 특별하게 대하지 않고, 인사 나누고, 공간에 그냥 머물게 했다.

"선생님, 저 오전만 여기 있다가 학교에 갈게요."

태겸이는 그 후로도 오전에 여러 번 왔다. 한 쪽 구석에 숨어 있던 태겸이는 점차 우리와 이야기도 나누고, 플레이스테이션으로 축구 게임을 함께하며 친해졌다. 혼자서 피아노를 열심히 치는 날도 있었다. 그러면서 마음이 조금씩 풀려갔다.

태겸이는 두렵지만 한 발 한 발 내딛어보는 체계적 둔감법을 스스로 행했다. 학교 밖에 있는 청소년센터에서 낯선 이들과 어울리면서 조금씩 대인불안증을 극복하기 위해 노력한 것이다. 이제 우리 공간은 태겸이에게 익숙하고 편안하다. 친절하게 대해주는 사람들과 대화하며 불안을 줄인 상태로 학교에 가면 그나마 하루를 참을 수 있다. 2학기에 들어서면서는 차근차근 학교에 적응했고 등교하는 데 어려움이 줄었다. 아침에 우리를 찾아오지 않고서도 학교로 바로 갈 수 있는 마음의 힘이 생겨났다. 스스로 깨닫지 못했을지도 모르지만, 태겸이는 체계적 둔감법으로 어려움을 이겨냈다.

자기효능감을 높이는 한 걸음 내딛기

•

작은 도전과 성공은 자기효능감을 높이는 데 탁월하다. 자기효능감은 한 개인이 어떤 일을 성공적으로 수행할 수 있다고 스스로 믿고, 기대하는 감정 혹은 능력을 이야기할 때 사용된다. 자기효능감이 높으면 당면한 과제에 대해 집중하고 해결을 하기 위한 지속적 노력을 할 수 있게 되어 학업, 프로젝트, 직업 능력 등에서 성취 수준을 높일 수 있다.

어린아이가 놀이하는 모습을 보면 자연스럽게 자기효능감을 키우는 장면을 목격할 수 있다. 피구하면서 끝까지 살아남았을 때, 자신보다 나이도 많고 덩치도 큰 형과의 대결에서 이겼을 때 아이의 얼굴에는 자신감이 묻어난다. 학교에서 주어진 어려운 과제를 스스로 해결했을 때도 마찬가지다.

이런 자기효능감이 있는 아이는 당당하다. 더 높은 수준의 일도 성공적으로 수행할 수 있다는 자기 확신을 가지고 새로운 도전을 한다.

자기효능감을 높이는 또 하나의 방법은 집단적 효능감을 체험하는 것이다. 예를 들면 내가 응원하는 어떤 스포츠팀이 승부에서 이길 때, 놀이를 하고 팀 스포츠를 할 때, 동아리 활동으로 성공적인 변화를 만들었을 때 '우리가 할 수 있다는 마음'을 얻는다. 2002년 월드컵 4강 신화를 통해 우리는 하나가 되고 '할 수 있다.'는 신념을 키울 수 있었던 것을 돌아보자. 집단적 성공 경험은 집단에 소속된 개인에게 효능감을 줄 수 있다.

아이가 집단적 성공 경험을 할 수 있도록 양육자가 적극적으로 돕자. 자녀에게 무엇이라도 해보라고 닦달하기보다 부모가 먼저 동네에 모임은 없는지, 청소년활동을 하는 기관은 없는지 찾아보자. 집단적 성공 경험을 할 수 있는 탁월한 방법 중 하나로 청소년활동이 있다. 다양한 주제의 프로젝트를 이끌 수 있다. 아이가 경험의 주체가 되는 청소년활동은 대부분 부모나 교사의 제안으로 시작하므로 '이거 한번 해볼래?'라는 정도의 부드러운 부모의 권유는 중요하다. 그러나 아이는 잘 수용하지 않으려 할 때가 많다. 부모로부터 독립하려고 하는 초등학교 고학년이 될수록 그러한 경향은 더 두드러진다. 부모의 제안을 아이가 거절하면 부모와 자녀 서로가 마음에 상처를 받거나, 어색하고 부자연스러운 분위기가 연출될 확률이 높다.

이럴 때 또래의 힘은 강력하게 작동할 수 있다. 친구, 언니, 오빠, 형, 누나가 생활하는 모습은 아이에게 자연스레 전해진다. 아이 한 명 한 명의 마음을 움직여 적극성을 끌어내려면 분위기가 중요하다. 문화가 만들어져야 한다.

웅크린 아이 한 명의 마음을 여는 일은 정말 어렵다. 하지만 한 동아리, 학급 등 작은 공동체의 집단적 성취를 도와서 "우리가 할 수 있다."라는 집단의 신념과 문화를 만드는 것은 오히려 쉬울 수 있다. 또 집단과 연결된 개인이 불안에서 탈출하는 데도 매우 유용하다.

당신의 아이에게는
의미 있는 타자가 있나요?

•

아이를 과도한 불안에서 벗어나게 하는 3가지 방법 외에 숨겨진 1가지가 더 있다. 그것은 의미 있는 타자와 만나는 것이다. 나와 말이 통하는 사람, 나를 지지하고 응원해줄 수 있는 사람을 만나면 그 사람이 건네는 가르침과 격려, 칭찬은 위로가 되고 용기를 준다.

의미 있는 타자는 성장기에 만나야 할 한 사람을 이야기한다. 예전에는 부모와 가족 이외에 한 동네서 삶을 나누는 삼촌, 이모, 이웃 어른, 형, 언니들이 있었다. 그러나 현대사회에서 아이는 부모 이외에 믿을 만한 어른을 쉽게 찾지 못한다. 아이에게 의미 있는 타자는 학교 선생님과 학원 선생님 외에 찾기가 어렵다. 혹은 직접 만난 적 없으나 자주 접하는 연예인이나 유튜버가 될 수도 있겠다.

아이에게는 부모 이외에도 가까운 곳에서 자신을 그저 있는 그대로 바라봐줄 사람이 필요하다. 의미 있는 타자를 만나면 아이는 자신의 마음과 생각을 주고받으면서 자랄 수 있다. 이렇게 성장한 아이는 자신도 누군가에게 의미 있는 한 사람이 되려 한다.

어느 날 전화가 왔다. 심각한 불안을 가지고 있어 몇 년 전 상담을 도왔던 학생이다.

영지: 선생님, 저 영지예요? 기억하세요?

나: 응, 영지야. 오랜만이네. 잘 있었어?

영지: 네, 저 지금 잘 살고 있어서 말씀 드리려고 전화했어요. 상담 도와주시고, 병원 치료도 알아봐주셔서 많이 회복됐어요.

상처 속에 있던 아이는 자신의 회복과 성장을 누군가에게 확인받고 싶어 한다.

"저 자격증 땄어요. 선생님께 꼭 말씀드리고 싶었어요."

"대학 졸업했어요. 대학원도 가려고요."

"군대 힘들지만 잘 적응하고 있어요."

"선생님, 올해까지만 일하고 직장 그만두려고 해요. 삶의 방향을 다시 고민해봐야겠어요. 청년들 모임이 있으면 소개해주세요."

나에게 들러서 자신의 성장 소식을 알려주는 아이들이 있다는 것에 감사하다. 마치 나의 성장기로 돌아가 어린 나를 지켜봐주고 이야기 나눠주던 한 명의 어른이 내가 된 것 같은 느낌이 들 때도 있다.

그러나 나처럼 직업으로 동네 아이들을 돌보고 가르치는 자리에 있는 사람이 아니라, 아이 가까운 곳에서 아이를 따뜻하게 지켜봐줄 사람들이 더 필요하다. 우리는 모두 내 자녀의 양육자이면서 또 다른 누군가의 의미 있는 타자로 살 수 있다.

04

아이의 사회적 성장이
지연되고 있다

떠나야 할 공동체에 머무르는 아이

코로나 팬데믹 시기에 우리는 떠나야 할 공동체에 머무르는 청년을 자주 접했다. 고등학교를 졸업하고, 대학생이 된 청년이 대학교 학과 선배와 교수, 동아리 등 새로운 공동체와 연결되지 못했기 때문이다. 온라인으로 수업에 참여할 뿐 새로운 공동체에 온전히 소속되지 못했다.

코로나 팬데믹 이전에는 자신의 기대와는 다른 입시 결과 때문에 숨어버리는 아이가 일부 있었지만, 대부분 대학에 입학하면 학과 공부와 동아리 생활을 하며 새로운 공동체 문화에 적응하느라 바빴다. 그래서 자연스레 우리를 떠났다.

그런데 코로나가 오자 자기를 불러주는 대학 선배도, 동아리원도 없어서, 익숙한 이곳 공동체에 머물게 된 것이다. 정든 아이들과 자주 만나는 것은 나에게는 고마운 일이었지만, 아이들은 성장을 위해서 떠나고 새로운 공동체를 만나야 한다.

어린이, 초등학생, 중학생, 고등학생들도 마찬가지다. 온라인 수업으로 학교 공부는 어느 정도 해결될 수 있었다. 하지만 등교를 하지 않자 아이들의 사회성 발달에 문제가 생겼다. 새로운 관계를 형성하는 데 어려움을 겪고 새로운 공동체에 녹아들지 못했다.

졸업식과 입학식은 형식적 행사일 수도 있지만 하나의 통과의례다. 한 단계를 마치고 다음 단계로 도약했다는 것을 알 수 있게 한다. 조금 더 성숙했음을 가정과 사회가 함께 확인하고 인정하는 과정이 없어지자 사회적으로 미성숙한 상태로 머물게 되는 아이를 종종 본다.

공동체를 떠나는 통과의례를 경험하지 못하고 자신을 맞아주는 새로운 공동체에도 온전히 속하지 못한 아이는 이미 떠났어야 할 공동체에 머무르며 어정쩡한 상태에 놓인다. 요즘 중학생 아이들은 초등학생 같고, 고등학생은 중학생 같고, 대학생은 고등학생 같아 보이는 것은 내 눈에만 그런 걸까?

세상을 경험해야 할 아이가
울타리 속에 갇혔다

●

몇 해 전만 해도 아이는 중학생이 되면 자원봉사활동을 위해 동네 이곳저곳의 문을 두드렸다. 여름방학과 학기 말에는 봉사활동 문의가 이어졌다. 중학교 1학년 학생들은 쭈뼛대며 어렵사리 낯선 공간과 사람을 찾아가서 봉사활동을 시켜달라는 부탁을 해야 했다.

강제성을 띤 봉사활동이 지니는 폐해도 있다. 단순히 시간을 채우기 위해 형식적으로 활동을 하거나, 의미를 잘 이해하지 못한 채로 무엇인가 하다 보면 봉사활동이 마치 벌받는 것처럼 느껴질 수도 있을 테다. 아이가 어른의 강요에 의해 비자발적으로 활동하도록 하는 것은 아이의 생각과 행동을 지배하는 행위가 될 수도 있다.

그러나 중학생이면 사회적으로 해야 할 과제가 생기고, 그 과제를 해결하기 위해서 지역을 살펴보고, 이웃들의 삶 속으로 들어가 보는 경험은 한 개인의 사회적 성장에 도움이 된다. 몰랐던 장소를 찾아보게 되고, 어렵지만 다른 사람에게 부탁도 해보고, 알지 못했던 직업 세계와 사람들을 알게도 된다. 봉사활동을 통해 아이가 만나는 세계가 집안과 학교 울타리를 넘어서 지역사회로 확장될 수 있다.

하지만 코로나 팬데믹 이후로 학교에서 더 이상 지역사회 자원봉사활동을 권장하고 있지 않다. 학생생활 기록에도 학교 밖에서의 활동과 배움은 담기지 않는다. 이런 이유로 1365자원봉사 포털 통계에 의하면 14~19세 자원봉사자는 2023년 11월 기준 27만 8천 명으로 4년 전 163만 6천 명의 17% 수준으로 급감했다. 부모의 권유로 지역사회 활동을 하는 아이들이 있지만, 학교에서 권장할 때만큼 다수의 아이들이 보편적으로 경험하고 있지는 못하다.

미국과 프랑스, 일본 등에서는 고등학교 졸업요건으로 봉사활동을 요구하고, 학점제를 실시하며, 자신이 사회에 기여한 독특한 경험을 에세이로 작성해서 대학입학시험에 활용하도록 하고 있다. 이때문에 내가 일하는 청소년센터에서 활동을 열심히 하는 청소년 중 그 활동 이유가 외국 대학 입시를 준비하고 있기 때문이라는 이야기도 가끔 듣게 된다.

외국 대학 입시에는 봉사활동이 필수고, 청소년기에 자신이 주도적으로 실행한 독특한 삶의 경험을 말과 글로 설명하라고 하는데, 왜 국내 대학교 입시에서는 전혀 반영하지 못하게 하는 것일까? 입시 공정성 논란 때문에 불거진 일이다. 시험 점수 경쟁만 하게 하는 대학 입시는 우리 사회를 더 공정하고 풍요롭게 만들고 있는지 물어야 한다.

여러 선진 국가에서 학교교육을 통해 학생들에게 지역사회 봉사활동을 적극적으로 권장하고, 대학 입학 조건과 졸업 요건 등으로까지 제시하는 것을 보면서 우리도 적용 방안을 찾아야 한다. 지역봉사활동이 입시와 맞물리게 되면 불공정한 결과를 초래할 수 있다면, 중·고등학교에서 입시가 아니라 졸업 요건으로 지역사회 봉사활동을 일정시간 수행하도록 하는 방안도 있을 것이다.

봉사활동을 통해서 학교는 교실을 넘어 지역으로 배움의 장을 확장할 수도 있다. 지역사회는 젊은 세대의 등장으로 활력을 얻게 되고, 서로 돕는 지역사회 문화가 다음 세대에게 자연스럽게 이어지게 할 수 있다. 학교와 지역 모두에게 이롭다.

무엇보다 봉사활동으로 아이는 성장한다. 사회와 연결되고, 참여와 나눔의 기쁨을 알게 된다. 사회에 직접적으로 기여할 수 있는 기회가 마련된다. 자원봉사와 자선활동을 하는 시민들과 만나고 교류할 기회를 얻을 수도 있다. 또 여럿이 함께 계획하고 실천하면서 소속감과 성취감을 맛보게도 된다.

눈에 보이는 문제가 없다고
문제가 없는 걸까?

•

요즘 내가 만나는 아이들은 10년 전에 비해서 매우 바빠졌다. 그래서 이전보다는 싸움도 덜하고, 어른들과 대화도 잘하고, 문제를 덜 일으키고 있는 것도 같다. 공릉동에 있는 우리 센터와 골목길에 코로나 팬데믹 전만 해도 거칠게 보이려고 무리 지어 다니는 아이들이 자주 나타나곤 했다. 학교에 적응하기 어려운 아이들은 골목에서 숨어서 담배 피우고, 동네 작은 공원에서 술을 마시고, 친구들과 싸움을 하고, 가끔은 몸에 문신을 한 채로 동네를 돌아다니기도 했다. 이들은 우리 센터에서도 화를 잘 참지 않고 소리 지르며 공간의 분위기를 지배하곤 했다.

그러나 지금은 이런 거친 모습의 아이들이 우리 동네에서 잘 보이지 않는다. 또 말썽쟁이들이 컵라면을 강의실에 던져버리고, 껌을 함부로 뱉고, 노래방 모니터를 깨고, 친구 휴대전화를 훔쳐가고, 게임기를 박살내는 등 공공의 질서를 어지럽힐 때가 종종 있었는데 코로나 이후에는 한동안 아이들이 얌전해진 것처럼 느껴졌다.

이상하게 내 눈에는 착해진 아이들의 모습이 다 좋게만 보이지 않는다. 특히 사춘기는 좌충우돌, 질풍노도의 시기이니 자연스럽게 실수와 실패가 있기 마련이다. 그걸 우리는 성장통이라고 말한다. 하지만 아이들이 이런 성장통마저 보이지 않는다는 것을 얌전해졌다고 긍정적으로만 표현할 수 있는지 모르겠다.

> 학생 1: 나 6학년 때 트라우마 생겼어.
> 학생 2: 무슨 일 있었는데?
> 학생 1: 아무 일 없었어.
> 학생 2: 그게 무슨 트라우마야.
> 학생 1: 코로나 때문에 아무것도 못 했어. 진짜 재미없고, 지루했어.
> 학생 3: 맞아, 트라우마야.

눈에 보이는 문제를 일으키지 않는다고 정말 문제가 없는 것일까? '친구가 왜 필요하냐?'고 묻는 아이가 점점 늘어나고 있다. 여럿이 함께 하는 소풍, 체험학습 등을 피하고, 학교와 학원을 오가며 생기는 작은 자투리 시간을 어떻게 보내야 할지 스스로 결정하는 것조차 힘들어하고, 대중교통 이용에 어려움을 느끼는 아이들이 있다. 어린 말투와 행동에서 아이의 성장이 지체되고 있음이 느껴진다. 눈에 보이는 문제보다 더 심각한 문제는 아이 마음속에서 곪고 있는 문제다.

최근에는 우리 센터에 다시 말썽쟁이 아이들이 등장하고 있다. 반갑다고 해야 할까? 그건 아니지만 잔뜩 움츠리고 있었던 아이들이 살짝 기지개를 펴고 있는 것이라는 생각도 하게 된다.

어른이 되어도 품 안에 두려는 부모
어른이 되기 싫다는 아이

•

10대 시절 나는 성인이 된다는 것을 걱정하기도 했지만 한편으로는 "하루 빨리 20대가 되어 자유를 누렸으면 좋겠다."고 생각했다. 20대가 되면서 스스로도 어른으로 생각했고, 가정에서도, 사회적으로도 그렇게 대접했다. 그런데 요즘 아이들에게 물어보면 "어른이 되기 싫다.", "청소년으로 지금에 머물러 있고 싶다."는 답을 많이 한다.

부모는 어느 때보다 자녀의 자립을 가르쳐야 한다고 진로교육, 자립교육을 외치지만 아이의 마음은 성장이 지체되어 의존적인 상태에 머물러 있다. 불안해 보이는 자녀의 문제를 능력 있는 부모가 대신 해결해주는 것이 유행처럼 혹은 당연시되면서 아이의 성장을 지체시키고 있는 것이다.

필요한 시기에 부모의 적절한 도움은 성장을 촉진한다. 그러나 수행평가 과제를 대신해주고, 대학생 자녀의 교과목 수강 신청을 대신해주는 부모를 어떻게 봐야 할까? 군대 간 자녀, 취업한 자녀의 작은 어려움을 해소해주기 위해 대신 민원을 넣거나, 직장 내 갈등 문제를 부모가 나서서 해결해주려는 경우도 있다.

어느 날 한 대형 병원에서 수간호사로 일하는 연주 씨와 대화할 때였다. 신입 간호사 부모들과의 면담이 갈수록 많아져서 지치고 힘들다고 했다. 간호사들 사이에 태움이라는 부정적인 조직 문화가 있어온 것은 사실이지만 언론을 통해서 사회적으로 이슈화되면서, 신입 간호사 부모의 걱정이 너무 커진 듯하다고 그녀는 말했다. 병원 입사 후에 자녀가 선배 간호사들과 잘 적응하는지, 어려운 일이 자녀에게만 집중되지는 않는지 부모가 계속해서 모니터링하고 있고, 조직 내의 작은 오해와 갈등까지도 부모가 개입해서 해결하려 한다고 했다. 여러 사람이 복잡하게 얽히면서 당사자 간에 대화로 간단하게 해결될 문제까지 더 어렵게 꼬인다고 푸념했다. 직장 내 문제를 조정하고 다툴 때도 부모가 앞장서고 결국 사표 제출까지 부모가 대신하며 "내 아이가 여기 아니면 할 것이 없는 줄 아냐?"고 큰소리치는 경우도 있다고 했다.

부모는 공부만 하느라 경험이 적은 아이가 하는 일이 못 미덥기만 하다. 게다가 많은 조직이 공정하지도 윤리적이지도 못해서 '착한 사람 뒷통수 친다.'라는 부정적 인식을 지니고 있다. 그러니 내 자녀가 그 희생양이 되지 않도록 자신의 능력으로 막아주고 싶은 것이다. 공정과 상식이 통하지 않는 신뢰할 수 없는 사회라고 여기는 부모는 자신이 지닌 힘으로라도 자녀를 보호하고 대신 일을 해결해주고 싶다.

그러나 언제까지나 부모가 막아주고 대신해줄 수는 없다. 자녀는 부모로부터 분리되어 심리적으로 사회적으로 자립해야 한다. 부정적인 사회의 모습은 안타깝지만 기성세대인 양육자들이 묵과하거나 만들어온 모습이다. 우리 자녀세대가 점차 개선해가야 할 문제이기도 하다. 예전 부모세대는 자녀보다 공부를 적게 했지만 지혜가 있었다. "나는 못 배워 잘 알지 못하니 네가 알아서 하라."는 말은 자녀가 자신의 삶을 주도할 수 있도록 도왔다.

능력 있는 부모가 어른이 된 아이를 계속해서 품 안에 두려는 것은 아이의 개인적 성장을 저해할 뿐만 아니라 사회적으로도 새로운 세대가 기성세대에게 많이 의존하도록 만든다. 스스로 더 나은 사회를 만들어가는 변혁의 주체로 나서지 못하게 한다. 이는 사회 전체가 새로운 변화의 바람을 만들어내기 어려운 상태로 가는 매우 위험한 신호다.

05

코로나 팬데믹을 겪은
아이의 몸, 마음, 관계

코로나 팬데믹 이후,
아이가 달라졌다

청소년 공간에서 십수 년간 아이들을 대하다 보니, 코로나 팬데믹 전과 이후로 아이들의 삶이 달라졌음이 확연히 느껴진다. 코로나 팬데믹은 이제 끝났고 이전과 같은 평범한 생활로 돌아왔으나 코로나 팬데믹 당시의 경험은 아이들의 몸과 마음에 남아 있다.

몸
: 몸집은 커지고 영양은 부실하다

•

코로나 이후 아이의 몸은 어떤 상태에 있을까? 몸집은 커졌지만 부실하다는 게 많은 어른들의 한 목소리다. 3년간 많은 시간을 집 안에서 지내면서 아이들의 신체 활동은 급격히 줄어들었다. 체육 선생님의 아이디어로 온라인 줄넘기 수행평가를 내주기도 했지만, 운동장에 함께 모여서 마음껏 뛸 수 있는 기회는 부족했다. 온라인 등교로 급식을 먹지 못한 아이들은 적절한 영양이 공급되지 못했을 수도 있다. 맞벌이 가정의 아이는 혼자 오랜 시간 지내며 라면과 배달 음식으로 배를 채우는 날도 많았을 것이다. 아이들의 호흡기와 몸에는 코로나 바이러스의 공격으로 염증이 생겼을 테고, 많은 양의 항생제가 투입되었다. 실제로 비만인 중학생 아이들은 코로나 전에 비해 약 3배 증가했고, 고혈압과 당뇨 등 만성질환을 앓는 아이들도 늘고 있다. 코로나로 아이들의 신체활동이 줄고 성조숙증 등이 증가하면서 키 성장을 더디게 할 것이라는 의료 전문가들의 의견도 있다.

최근 여러 학교에서 체육활동을 중요시하고 있고, 정부에서도 체육시간 활성화를 위해 교육과정 내 체육활동 비중을 확대하는 움직임이 있다. 아이들의 몸과 마음을 회복케 하려는 노력이 감사하다.

하지만 도시에 사는 아이가 몸을 자유롭게 움직일 수 있는 체육시설은 여전히 턱없이 부족하다. 우리 센터에서 농구동아리로 모인 아이들은 유료 대관이 가능한 실내 농구 코트를 찾아서 먼 동네까지 원정을 가야 한다. 학교 체육관이 있지만 방과 후에는 배드민턴을 하는 동호회 차지가 된다. 주말에는 공간을 사용할 수 있는 시간이 있지만 교육청 온라인 시스템으로 접속해서 대관신청을 해야 한다. 그마저도 유료로 진행되고, 행정실 담당자를 통해 접수되고, 체육선생님들에게 수업에 방해되지 않는지를 물어서 허락을 받아야 한다. 이후 행정실장님과 교감선생님을 거쳐 교장선생님이 최종 결정해야 하는 지난한 과정이 있다. 보통 체육선생님들은 주말 체육관 이용조차 월요일 수업에 지장이 생길 것을 걱정한다. 그래서 이미 약속된 배드민턴 동호회의 시설 이용 이외에는 쉽게 허락하지 않는다. 도시에는 아이들이 팀스포츠를 즐기며 자유롭게 몸을 움직일 공간이 너무 적다.

몸 건강을 중요하게 생각하는 부모는 아이를 헬스장에 보내거나, 검도장, 태권도장 등에 보내며 개별적인 노력을 한다. 그러나 아이의 삶과 가까운 학교 공간을 아이가 손쉽게 사용하게 하는 데에는 무관심하다.

학교 실내 체육관을 아이들에게 개방하면 농구, 배구, 풋살 등 실내 팀스포츠를 할 수 있다. 줄넘기, 탁구 등도 할 수 있고 안전한 실내 놀이 공간이 될 수 있다. 방학 중에는 동네별로 3대3 농구대회, 풋살대회 등 작은 체육대회를 만들어 온 동네를 왁자지껄하게 만들어볼 수 있다.

팀스포츠 활동으로 아이는 건강한 신체를 지니게 되고, 스포츠를 통해 규칙을 배우고, 친구들과 일체감을 맛본다. 어른들의 신체활동도 물론 중요하지만, 학교 운동장 한 켠에 세워진 체육관은 아이들이 더 많은 시간을 사용할 수 있도록 허락해주어야 한다.

만일 무질서한 이용과 뒷정리가 잘 안 된다는 게 걱정이라면 양육자들의 참여와 어르신 일자리 등의 사업을 통해서 질서 관리와 이용시설 관리를 부탁하는 방법도 있다. 또 체육시설을 사용한 아이들에게 뒷정리하는 방법을 일러주고, 청소년 자원봉사 등으로 깨끗하게 되돌리는 일에 참여시키는 방안도 마련할 수 있다.

마음
: 위축감과 무기력

●

대부분의 부모는 이렇게 생각할 수 있다.

'나만 잘하면 내 아이는 우울하거나 무기력에 빠지는 일은 없을 것이다.'

그러나 아이는 부모로부터도 영향을 받지만 친구들과 함께 성장하고, 자신보다 조금 나이 많은 언니, 오빠, 형, 누나들의 모습을 보면서 자란다. 또래가 끼치는 영향력은 강하다.

요즘 아이들의 마음은 어떤가? 내가 느끼는 요즘 아이들의 보편적 마음 상태는 우울하다. 아이들도 세상 돌아가는 것을 보고 있다. 부동산 가격은 너무 올랐고, 젊은이들의 취업 기회는 줄고 있으며, 급여는 낮고, 출생률 위기, 가속화되는 기후위기 등 미래에 대한 위기감, 그리고 거대한 사회적 참사와 재난에 대한 집단적 경험은 한 세대의 마음과 사고체계 속에 큰 흔적을 남긴다. 거기다 코로나라는 신종 유행병의 위험에 세계가 한꺼번에 셧다운되는 것을 목격한 세대다.

나는 중학생 때 이미 초등학교도 입학하지 못한 아버지보다는 훨씬 많이 공부했다고 생각했고, 아버지보다는 분명히 내가 더 나은 삶을 살 수 있을 것이라는 자신감과 낙관이 있었다. 그러나 요즘 아이는 "나는 아빠처럼 돈을 벌 수 있을까?"라는 두려움이 속에 있다.

자녀는 부모를 사랑하지만 뛰어넘고 싶은 대상이다. 그런데 부모보다 열심히 살고 잘하는 것도 많지만 부모만큼 경제적 안정을 얻기 힘들다고 여기는 아이세대는 미래를 걱정할 수밖에 없다. 더 나은 미래에 대한 자신감과 낙관이 사라지면 사람은 위축되고 무기력해진다.

무기력은 전염성이 강하다. 바꿀 수 없는 사회에서 '돈 많은 백수가 꿈'이라고 말하는 언니, 오빠, 친구들과 함께 살고 있는 아이의 마음에 무엇이 자랄까? 아이의 마음은 내 아이만 잘 가르치고 바꾼다고 해서 해결되기 어려운 부분이 있다.

개인적인 상담과 치료를 통해서 위축되고 무기력한 아이를 어둠 속에서 꺼낼 수 있다. 그러나 아이는 주변 상황과 환경에 끊임없이 영향을 받고, 동시대를 살고 있는 다른 아이들과 감정을 주고받는다. 아이를 둘러싼 주변 상황과 환경, 사람들을 아울러 살필 필요가 있다.

양육자가 아이 주변 상황과 환경을 완벽히 통제하기도, 세상을 바꾸는 커다란 사건을 기획하기도 쉽지 않다. 하지만 아이의 일상에 긍정적 경험과 생각이 싹을 터 자라도록 할 수 있다. 작은 일부터 해볼 수 있다. 아이가 가정 일을 돕고, 지역사회 봉사활동과 청소년활동에 참여하도록 안내해서 긍정적인 작은 경험을 계속해서 쌓아가도록 권유해보는 방안이다. 부정적이고 위축된 아이의 마음은 구체적인 활동으로 자신의 쓸모를 발견하고 보람을 느낀다.

이런 경험을 한 동네에 살고 있는 아이들 여럿이 함께 만들어간다고 생각해보자. 아이들이 희망을 이야기하며, 서로를 물들이고 새로운 문화를 만들어갈 수 있도록 양육자가 거들 수 있다.

개인적인 경험만큼 공동 경험이 중요하다. 긍정적인 공동 경험을 통해 사회에 대한 신뢰와 타인에 대한 강한 유대감, 마음의 진정한 회복에 이를 수 있다. 나는 진정한 회복은 아이들의 사고와 태도가 함께 바뀌는 것이라 생각한다. 부정적인 아이들의 사고는 긍정적 경험을 통해서 바뀔 수 있다.

관계
: "관계도 거래할 수 있나요?"

•

아이들의 관계와 네트워크는 어떤가? 아이들은 손쉽게 지구 반대편에 사는 사람들의 이야기를 유튜브로 시청한다. 초등학생도 방과 후에 온라인에 접속해 다른 나라에 사는 아이들과 온라인게임을 함께하기도 한다.

하지만 같은 반 옆자리 친구와의 연결은 불안해하며, 쉽사리 관계 맺지 못하는 아이들이 점점 늘고 있다. 아이 곁에는 양육자 이외에 마음을 털어놓을 만한 어른이 존재하지 않는다. 학원선생님 등 금전적 거래를 바탕으로 만들어진 관계 이외에 친밀한 관계를 경험하지 못한 아이는 관계도 돈으로 거래할 수 있다고 생각할 것이다.

담임 선생님이 세심하게 관리하는 학교에서는 친구 없이도 버틸 수 있고, 친구가 없어도 시험 점수를 받는 데 문제가 없으니 혼자서도 괜찮아 보이겠지만 사회는 다양한 구성원들이 복잡하게 얽혀 있다. 기계가 대체할 수 있는 단순한 일이 아니라면 거의 모든 일이 협력을 통해서만 가능하다.

앞으로 아이는 어른이 경험했던 것보다 훨씬 더 넓은 세상으로 나가서 수많은 다양한 사람들과 관계를 맺고, 네트워크하며, 협력적인 공동체를 꾸리며 살아야 한다. 그렇다면 아이는 자신의 성장과정에서 다양한 이질적인 구성원들과 관계 맺고, 섞이며, 배우고, 놀면서 협력적 경험을 쌓을 수 있어야 한다.

협력하지 않아도, 불편한 사람과 관계 맺지 않아도, "돈만 있으면 나 혼자 살 수 있다."라고 말하는 사람도 있다. 그러나 돈은 혼자 만드는가? 돈도 타인과의 관계를 통해서 벌 수 있다. 혼자서만 잘 살 수 있는 사람은 없다. 다양성의 시대, 융합의 시대다. 만나고, 섞여야 한다.

아이가 타인과 자연스럽고 다양한 관계를 형성할 수 있도록 양육자는 도와야 한다. 학교 바깥에서 하는 활동을 지지하고 응원하면 도움이 된다. 학교 활동은 대부분 선생님에 의해 기록되고, 평가된다. 또 매일 보는 친구의 시선이 신경 쓰일 수도 있다. 그러나 학교 바깥에서 하는 활동은 학교보다 훨씬 자유롭고, 점수로 평가되지 않는다. 또 연령대가 다르고 학교도 다른 타인들과의 만남이다.

학교에서 친구 관계에 어려움을 겪는 아이라도 학교 바깥에서 쌓는 우정과 연대는 학교 내에서 생기는 어려움도 극복할 수 있도록 힘이 되어주기도 한다. 학교 생활에 지친 아이는 학교 밖에서 자신과 비슷한 관심과 생각을 지닌 친구들을 만나는 것만으로 힘을 얻는다. 스스로는 아무것도 못할 것 같지만 여럿이 함께하다 보면 분위기에 휩쓸려 하게 되고, 하다 보면, 재미도 붙는다.

이러한 활동은 아이가 일상에서 쉽게 갈 수 있는 장소에서 이뤄지면 좋다. 사람을 자연스럽게 만날 수 있도록 사는 곳 근처에 있는 것이 좋다. 요즘 지방자치단체별로 마을교육활동을 펼치고 있고, 그중 하나로 청소년동아리를 지원하고 있다. 청소년센터가 집 가까운 곳에 있다면 이 같은 동아리에 참여하기는 한결 쉽다. 청소년센터에서는 초등학생부터 고등학생까지 다양한 연령대가 자연스럽게 만난다. 함께 프로젝트를 진행하고, 주도적으로 활동을 할 수 있다.

우리 지역에서 활동하거나 지원하고 있는 청소년동아리에 관심을 가지고 찾아보고, 청소년동아리활동을 지원하는 체제가 없다면 양육자가 먼저 나서서 제안을 해보는 것도 방법 중 하나다.

청소년동아리가 생겼다고 해도 쉽게 모일 공간이 없다면 자연스럽고 친밀한 관계로 발전하기는 어렵다. 주민자치센터, 복지관, 교회 등의 지역 공간을 청소년동아리활동에 열어 달라고 요청해보자. 마을 어린이잔치, 청소년 축제 등을 동네 청소년동아리들이 함께 준비할 수 있고 지역 사람들을 초대할 수 있다. 무대 행사나 부스 운영을 함께 해달라고 아이들에게 구체적으로 부탁하면 아이들은 신나게 준비할 수도 있다. 아이는 스스로 해낸 일을 통해 자신감을 얻을 것이다. 또 부모님 이외의 마을 이웃 어른들과 연결될 수 있는 좋은 기회가 된다. 자연스럽게 협력을 배우고 복잡한 인간관계를 풀어가는 지혜도 얻을 수 있다.

06

급변하는 시대를 사는
아이의 질문, 문해력, 자각, 공감

질문

: 호기심을 잃은 아이들

•

검색의 시대는 가고 이제 질문의 시대가 왔다고 미래학자들은
말한다. 단순한 계산과 작업 및 노동은 로봇이 할 테니 인간의 중요
한 능력 중 하나는 '질문하는 것'이라는 지적이다. 생성형AI는 질문
만 하면 컴퓨터가 직접 정보를 찾고 계산해서 척척 답을 해준다. 인
공지능이 내려준 답을 얼마나 믿고 기대며 살아가야 할지는 개인
의 판단에 따라 다르겠지만 멀지 않은 미래에 기술발전이 인간이

해왔던 일의 많은 부분을 대체할 것이라는 것에 대체로 큰 이견은 없는 듯하다. 이제 기계와 인간이 본격적인 협업을 해야 하는 시기가 다가온다.

질문하는 '능력'이라고 하면 조급해하는 부모도 있다. 교실에서 아무 말 하지 않고 가만히 앉아 있을 내 아이 얼굴이 떠오르기 때문이다.

"질문하는 기술을 배우는 학원이라도 보내야 할까?"

질문을 하려면 궁금한 게 있어야 하지 않은가? 그러나 아이들의 호기심은 점점 사라지고 있다. 단순한 정보를 찾는 질문은 쉽게 할 수 있다. 그러나 삶과 연결된 것들에 대한 궁금증, 즉 호기심이 있어야 질문을 할 텐데 아이는 자기 사는 세상을 탐구하고 궁금해하기보다 지친 영혼을 달래기라도 하는 듯 스마트폰 속 영상에 푹 빠져서 멍하게 있는 시간이 길다.

호기심 또한 마음인데, 아이에게 호기심이 자랄 마음의 여유와 여백이 필요하다. 인공지능 시대에 너무 많은 것을 머릿속에 넣으려고 애를 쓰기보다 아이의 마음이 자랄 수 있는 경험과 여백을 만드는 일이 중요하다.

아이가 지적 호기심을 유지하도록 돕는 방법은 아이를 학습의 대상으로만 만들지 않고, 아이 스스로 일과 놀이를 기획하고 경험할 수 있도록 기회를 만드는 데 있다.

아이는 자발적인 경험을 하면서 활동 중에 생겨나는 여러 문제에 대한 효과적 해법을 스스로 궁리한다. 질문이 생기게 되는 것이다. 더 잘하고 싶어진다. 프로젝트를 하는 아이는 자신의 활동과 관련된 정보를 찾는다. 자신이 탐구하는 주제와 관련된 세상일에 호기심을 가지고, 들여다보고, 귀를 기울인다. 정보를 찾고, 어떻게 하면 더 잘할 수 있을지 사람들과 이야기 나누면서 활동의 근거를 만든다. 자신이 선택한 경험을 통해 자연스럽게 생기는 지적 호기심이 아이에게 "책 좀 읽으라."는 강권보다 평생 독자가 되도록 하는 데 훨씬 나은 접근이다.

문해력
: 읽기 능력이 줄어들고 있다

●

지능적으로도 문제가 없고, 소리 내서 모든 글을 읽을 수 있지만 그 글에 담긴 속뜻을 제대로 파악하지 못하는 아이가 늘고 있다. 우리나라와 북한이 적대적 대치 관계에 있는 것을 알지만 '우호적'이라는 단어의 뜻을 이해하지 못해서 사회시험 문제에 대한 답으로 '우리나라와 북한은 우호적인 관계에 있다.'라는 답에 정답을 체크하기도 한다.

또 어떤 아이는 선생님과 다른 아이들의 언어와 마음, 행동을 잘 이해하지 못한다. 그래서 말이 끝나기도 전에 상대의 언어적·비언어적 표현을 속단하고 오해하여 뚱해 있거나 눈물을 터트린다. 어떤 아이는 거칠게 화내고, 욕을 하고, 폭력으로 감정을 표현한다. 우리가 읽어야 할 것은 글 말고도 다른 이의 말, 감정, 얼굴, 태도, 입장, 상황 등도 있다.

글을 읽는 것뿐만 아니라 우리의 삶을 종합적으로 이해하고, 어떤 사건의 맥락을 파악하는 것도 문해력과 관련이 있다. 긴 글을 읽을 때 그 맥락을 잘 이해하지 못해서 힘들어하는 아이를 종종 만나게 된다. 짧은 글에 익숙하고, 유튜브 동영상과 쇼츠에 길들여지고, 자신들만의 말 줄이기 문화에 익숙한 아이는 긴 이야기에는 좀처럼 관심이 없고 이해하려는 스위치를 꺼버린다.

다른 사람들의 말과 글을 잘 이해하고, 자신의 생각을 말과 글로 표현할 수 있는 것은 어느 시대에나 중요한 역량이다. 문해력은 단순히 문자를 소리 내 읽는 것에 그치지 않는다. 맥락을 읽으려면 배경지식도 있어야 하지만 경험이 있어야 한다. 그러나 모든 경험을 할 수 없으니 우리는 책을 읽어 간접적 경험을 넓혀가야 한다.

아이가 책과 가까이 하길 바라는 부모는 스마트폰을 손에 들고서 하루 종일 검색하고 게임하기 바쁜 아이를 보면 속이 탄다. 부모는 책과 멀어지는 아이의 모습이 탐탁지 않다. 안타까워서 책과 가까워지게 하려고 "책 좀 읽으라."고 말한다. 그러나 초등학교 고학년만 되어도 아이는 아무리 좋은 것이라고 부모가 권유해도 그대로 따르려고 하지 않는다. 부모의 이야기가 아무리 근거 있고 정당하다고 해도 아이의 행동 변화를 만들기 어려울 때가 있다.

이때 중요한 것은 책을 읽으라는 적극적인 설득과 권유보다는 지적 호기심이 사라지지 않게끔 하는 데 있다. 즐겁고 신나는 경험이 되도록 북돋우는 편이 더 낫다. 아이에게 책을 읽으라고 강권하기보다 부모가 독서를 매개로 이웃과 만나는 모임을 만드는 등 집단적 환경과 분위기를 통해 자연스럽게 노출하는 것이 더 나은 선택이다. 함께 읽기는 부모와 아이 모두에게 즐거운 지적 동기를 유발한다.

어른들의 지적인 대화에 아이의 배석을 허용하는 것도 지적인 호기심을 자극하는 하나의 방법이다. 부모 이외에 의미 있는 타자를 만나는 기회도 된다. 경험이 삶의 감각을 깨우는 데 중요하다고 하지만 아이가 모든 경험을 할 수도 없고, 할 필요도 없다. 책을 읽고, 다양한 사람들과 만나고, 이야기 들어보는 기회를 가지는 것은 간접적으로 경험을 확장하고, 부모의 품과 가르침에서 벗어나 더 넓게 세상일을 이해하게 된다는 측면에서도 유용성이 있다.

도서관을 편안한 만남의 장으로 활용한다면 책과 물리적 친밀성을 유지할 수 있다. 꼭 책을 읽고, 공부하지 않아도 아이들이 도서관을 편안한 장소로 인식한다면 도서관을 통해서 평생 독자가 될 확률은 올라간다. 여기에는 양육자의 노력도 있어야 한다. 아이들이 쉽게 드나들고, 친밀감이 느껴질 수 있도록 공간을 구성하는 도서관 직원들의 노력이 필요하다.

자각
: 자기를 탐구하는 능력이 줄어든다
•

자각은 자기 자신을 의식하는 상태를 말한다. 내가 누구인지 아는 것은 중요하다. 누구든지 자신을 궁금하게 여긴다. MBTI 등 심리검사가 유행하는 이유가 그렇다.

아이는 자신을 잘 파악하고 있을까? 자신이 지닌 능력과 힘을 자각하고 있을까? "자신이 누구인지 알기 위해서는 줌인과 줌아웃을 잘해야 한다."라고 서울형대안교육기관 공간민들레의 김경옥 선생님은 이야기한다.

개인은 개별자로서 자신을 깊숙이 들여다볼 수 있어야 하고, 자신을 벗어나 우주 속에 연결된 인류라는 틀에서 개인을 해석할 수 있어야 한다.

미국에서는 마이크로소프트 창업자 빌 게이츠Bill Gates가 지원하는 빅 히스토리Big History 프로젝트가 진행되고 있다. 호주 맥쿼리대학교 교수 데이비드 크리스천David Christian에 의해 창시된 빅 히스토리는 빅뱅부터 현재까지 138억 년의 역사를 다루며 온 우주와 연결된 개인의 존재를 이해하는 자기탐구의 한 방식이다. 우주, 지구, 생명, 인간으로 이어지는 역사 인식을 통해 우주 먼지 같기도 하고, 반면 너무도 소중하고 특별한 자신을 발견하게 한다. 누군가와 연결되고 각자의 위치에 따라 역할이 주어지는 관계성을 이해할 수 있고 그 속에서 자신이 누구인지 자연스레 알 수 있다.

양육자는 아이가 자신의 내면을 깊숙이 들여다볼 수 있도록 하는 것과 더불어 큰 세상 속 자기를 인식하고 세상과 연결될 수 있도록 도와야 한다. 자신과 세상을 함께 탐구하는 능력을 기를 수 있도록 해야 한다.

아이가 쉽게 만날 수 있는 가장 넓은 세계는 아마도 디지털 기술이 제공하는 세계가 아닐까 싶다. 넓은 가상공간을 누비며 아이는 자신의 세계를 넓히고 자신을 깨닫고 있을까? 초현실적 디지털 기술은 놀랍지만, 자신을 찾으려는 아이를 더욱 혼란에 빠지게 하고 있지는 않은지 걱정이다. 아이는 자신의 질문을 탐구하기보다 디지털이 제공하는 비슷비슷한 알고리즘과 SNS 속 비교와 자극적인 짧은 콘텐츠에 빠지기 쉽다. 자기에 대한 탐구가 자리 잡을 기회가 현격히 줄어든다.

양육자는 아이가 초월세계에만 머물러 있지 않도록 현실세계로 계속해서 초대하고 연결해야 한다. 아이가 현실 속 작은 도전과 성취를 할 수 있도록 도와야 한다. 그것을 통해 아이는 자신이 누구인지 알고, 자신의 능력을 발견할 것이다.

"나에게 이런 능력이 있는 줄 몰랐다."

우리와 함께 활동을 하는 아이들은 활동을 마치면서 이런 말을 자주 한다. 우리는 아이가 놀이를 통해 스스로에 대해 깨닫고 친구를 사귀는 방법을 배우고 자신의 능력을 알 수 있도록 놀이자치활동단을 운영한다. 한 번은 이 활동단에 소속된 아이들이 어린이날 행사의 시작을 알리기 위해 퍼레이드단을 구성해서 골목을 시끄럽게 떠들며 다녔다. 이 소리를 듣고 다른 아이들이 따라 붙었다. 아이들의 얼굴에는 '내가 나보다 어린 아이들을 도울 수 있구나, 우리가 작은 변화를 만들 수 있구나.' 하는 자신감이 가득 담겨 있었다. 스스로 만드는 경험은 내가 누구인지, 어떤 능력을 가지고 있는지를 느끼고 깨닫게 해준다.

공감
: 어른의 공감 부족이 아이에게 전해지고 있다

•

혼자 하는 일에 익숙한 아이는 타인과 공감하고 소통하기 어려워한다. 타인의 아픔 또는 시대 문제에 공감하기 어려워하는 아이는 점점 늘고 있다.

공감의 부족은 아이만의 문제가 아니다. 어른의 공감 부족 문제가 더욱 심각하며, 어른이 보이는 공감 부족이 아이에게 전해진다고 보는 것이 맞을 것이다. 나와 다른 주장이나 생각을 하는 상대를 적대시하고, 서로 이야기를 들으려 하지 않는다. 전문가는 전문가들끼리, 사는 곳이 같은 사람들끼리, 직업이 같고 입장이 같은 사람들끼리만 더 잘 모이고, 공감하고, 위로하면서 울타리를 친다.

이런 어른의 문화는 아이에게로 이어진다. 나와 생각이 다른 사람을 혐오하고, 가끔은 공격적 태도로도 표출한다. 내가 만난 한 아이는 제법 재능이 있고 똑똑하지만 여성들의 목소리와 아픔에는 전혀 공감할 필요를 못 느꼈다. 급기야 성폭력 피해를 호소하는 여고생들이 자신들의 이야기를 나누는 자리에 일부러 찾아가 일방적으로 자신의 주장만 싸우듯 전하고 오기도 했다. 나와 다른 상대의 이야기를 듣는 태도는 중요하다.

세계는 점차 연결되고 있다. 전 세계가 당면한 보편적 문제에 공감할 수 있어야 세계시민이자 글로벌 리더가 될 수 있을 것이다. 따라서 미래를 살아갈 아이가 세상의 문제와 아픔을 공감하고 이해하는 경험과 능력은 반드시 필요하다.

국제사회에는 유엔이 제시한 17가지의 인류 공동 목표가 있다. 지속가능발전목표SDGs, Sustainable Dvelopment Gols라는 세계인의 약속이다. 각 나라의 여러 정책은 이 지속가능발전목표를 반영하고 있고, 글로벌 기업들의 미래 전략도 마찬가지다. 세계화된 시대를 살아갈 아이들이 지속가능성이라는 글로벌 표준을 이해하지 못하고, 공감할 수 없다면 시대에 뒤떨어지고, 새롭게 창출되는 기회를 얻지 못할 수도 있다. 학교 교육을 통해서도 이러한 세계시민교육이 점차 확장되어야 한다.

세계시민교육은 지식교육과는 다르다. 17가지 목표를 외우는 것도 대단하지만 세계시민교육이 지식을 전달하는 수준에 머물러서는 안 된다. 세상 문제에 공감하는 역량과 문제를 해결하려는 감수성을 지닌 아이로 키워야 한다.

지속가능발전◯목표

그림 1. 유엔 지속가능발전목표(SDGs) 주요 내용. SDGs란 2015년 9월 제 70차 유엔총회에서 2030년까지 달성하기로 결의한 인류 공동의 목표다. '미래 세대가 그들의 필요를 충족할 수 있는 능력을 저해하지 않으면서 현재 세대의 필요를 충족하는 발전'을 말한다. '인간, 지구, 번영, 평화, 파트너십' 5개 영역에서 나아가야 할 방향성을 17개 목표, 169개의 세부 목표로 제시하고 있다.

세상 문제를 교과서로만 배우면 지식으로만 알게 된다. 그러나 공감하면 실제 삶에서 작은 변화를 만드는 실천으로 이어진다. 이 경험은 커다란 배움이 되고, 이를 통해 세상 문제를 적극적으로 대하는 태도와 어려운 현실 속에서도 포기하지 않고 긍정적으로 변화를 만드는 실천적 감각을 기를 수 있다. 아이가 세상 문제에 공감하며, 자기 삶을 실제로 변화시키는 실천적 공부가 필요하다.

2부

아이와 양육자는
무엇으로 성장하는가?

어른이 대신해버리면 아이는 대상자가 될 수밖에 없습니다.

서툴러 보여도 아이를 믿고 일을 나누어야 합니다.

무엇을 할 수 있는지, 무엇을 하고 싶은지 묻고,

함께 둘러앉아 해법을 의논하고,

구체적인 참여를 부탁하는 일은

아이의 자주성을 키우는 데 아주 중요합니다.

3장

아이의 힘을 믿을 때
놀라운 일이 일어난다

01

'돌봄의 대상'이 아닌
'스스로 돌보는 사람'으로

24시간 돌봄의 대상

•

내가 일하는 청소년센터에는 방과 후에 라면을 먹기 위해 오는 아이들이 있다. 1,000원을 내면 다양한 라면 중 선택해서 끓여 먹을 수 있다. 남은 국물에 미리 지어둔 밥도 말아서 먹을 수 있다. 쌀은 동네 사람들이 후원해주고, 밥은 우리가 지어둔다.

라면 끓여 먹을 공간을 만든 이유는 부모가 집에 오기까지 혼자 있어야 하는 아이들의 허기짐을 달래기 위함이지만, 숨은 의도도 있다. 그중 하나는 자기 앞가림을 배우게 하려는 것이다. 이곳에서

라면을 먹으려면 스스로 냄비에 물을 받아서 가스레인지 불을 켜고 냄비를 올려 끓여야 하고, 다 먹고 난 뒤에는 자기가 정리와 설거지까지 마쳐야 한다. 중학생 나이인데도 불구하고 한 번도 혼자서 라면을 끓여 먹거나 설거지를 해본 적이 없었다는 아이를 만나기도 한다.

아이의 일이 어느 선까지라고 해야 할지 모르겠지만, 필수적인 삶의 기술이 있다. 의, 식, 주를 구하는 일이 그렇다. 빨래를 하고, 밥을 지어 먹고, 설거지를 하고, 방청소를 하는 등의 일이다. 공동의 공간은 어지럽히면 누군가가 정리해야 한다. 아이에게 "공간과 도구는 자유롭게 사용하고 스스로 정리한다."라는 규칙을 살짝 알려주면, 나이가 어린 아이도 뒷정리를 척척 해낸다. 가끔 공간을 엉망으로 만드는 아이를 만날 수 있는데, 그 아이도 뒷정리를 하는 친구들의 모습을 보면 서툴지만 조금씩 뒷정리를 따라 나선다.

아이에 대한 돌봄 이슈가 커지면서 지역아동센터뿐만 아니라 방과 후 아카데미, 학교돌봄, 온종일돌봄센터 등 전문 공간이 하나둘씩 생겨나고 있다. 반가운 일이지만, 전문적인 돌봄시설에서는 자칫 '아이는 연약해서 돌봄 전문가인 어른이 설계한 양질의 프로그램과 체계적인 서비스 그리고 영양 간식과 균형 잡힌 식사로 완벽하게 돌봐야 한다.'라는 강박이 작동할 수도 있다. 학교 수업 이후에도 전문가와 어른의 손에 이끌려 좁은 실내 공간에서, 촘촘하게 구성된 프로그램을 따라 살아야 하는 아이의 삶에는 주체적인 생각과 행동이 들어갈 공간이 거의 없다.

그러면서도 아이러니하게도 어른은 아이의 진로와 자립을 걱정한다. 아이는 돌봄의 대상이다. 그러나 아이들은 늘 어른의 돌봄 대상으로만 있어서는 안 된다. 자기 스스로를 돌볼 수 있는 존재로 커야 하고, 친구와 이웃을 돌볼 수 있어야 한다. 자신이 좋아하는 공간을 치우는 일은 제 앞가림을 배우는 과정이다. 아이는 자기가 사는 지역도 돌보고, 지구도 돌볼 수 있는 존재로 성장해야 한다.

"친구가 왜 필요해요?"

어느 날, 중학생들에게 요즘 고민에 대해서 물었다. 이런 질문을 하면 공부와 진로가 순위 1, 2번을 놓친 적이 없었는데, 이번 물음에서 첫 번째 고민은 친구관계였다. 관계를 필요로 하지만 단절된 아이는 친구관계를 어떻게 만들어가야 할지 모르겠다며 어려움을 호소한다.

"친구 사귀는 방법을 잘 모르겠어요."
"어떤 말을 해야 할지 모르겠어요."
"친구랑 사이가 나빠지기라도 하면 화해하는 방법을 모르는데 어떻게 해요?"
"저 대인 기피증이 있는 것 같아요."
"혼자서 하면 왜 안 돼요?"

돌봄의 대상으로 다른 사람이 설계하고 만들어준 대로 자라는 데 익숙한 아이는 다른 사람과 자연스럽게 친분을 쌓고 관계를 맺는 일을 어색해하고 어려워한다. 혼자가 더 편한 것이다.

공부는 혼자 할 수 있다. 그러나 공부하는 터전인 학교는 사람관계로 연결되어 있고, 직장과 사회는 더 큰 거미줄처럼 연결되어 있다. 요즘 아이의 고민과 힘듦이 관계에 있다는 것을 어른은 기억해 둘 필요가 있다.

특히 코로나 팬데믹을 겪으면서 아이는 학교나 학급 공동체와 연결되기보다는 인터넷선을 타고서 교과목 수업과 연결되었다. 등교를 하지 않아도 상급 학교와 다음 학년으로 올라가는 데 아무런 문제가 없었다.

"온라인으로 수업하느라 친구들과 만나지 못해서 외롭지 않았어?"

질문하면 몇몇 아이는 다시 묻는다.

"친구가 왜 필요해요?"

학교와 친구의 필요성이 없다고 생각한 아이는 학교를 떠나는 길을 선택하기도 한다. 학교를 떠나는 이유가 친구 문제 한 가지는 아니지만, 관계의 어려움을 호소하는 아이의 수는 점점 늘고 있다.

학교에서의 일상적인 관계에서 벗어나면서 해방감을 느낄 수도 있지만, 지지적인 관계망이 취약해지고 혼자 고립되어 있다고 느끼기 쉽다. 정규 교육과정을 마치지 못했다는 사실만으로도 심리적 혼란을 겪거나 자존감이 하락하기도 한다. 학교를 그만두었다고 해도 사람들과 연결되는 소속감을 느끼고 싶어 하고, 또래 친구들과 비슷한 경험을 하고 싶다는 요청을 해온다.

학교라는 공동체를 나오면 자칫 사회적 관계망이 취약해질 수 있으므로 더욱 안전한 공동체가 필요하다. 우리는 학교를 그만둔 아이들이 모일 수 있는 아지트를 마련해두고 있다. 이곳에서 아이들은 느슨한 관계망을 구축하고, 정기회의와 프로젝트를 진행한다. 학교가 아닌 공간에서 자신과 타인을 존중하며 상호작용하는 사회적 기술을 체득해나가는 경험을 하고 있는 것이다.

여성가족부의 한 조사에 의하면 학교를 그만둔 아이 가운데 약 20%가 아무런 의욕이 없는 상태에서 어려움을 겪고 있다고 한다. 그래서 학교를 그만둔 후에라도 아이는 자신에게 의미 있는 도전과 경험을 통해 성취감을 얻고 자존감을 다시 세우는 과정이 필요하다. 무언가 해보고자 하는 의지가 있는 아이에게도 마찬가지로 도전의 기회를 부여해야 한다. 학교 시간표를 따르지 않아도 스스로 선택한 활동을 계획성 있게 설계하고 실행하며 다른 이와 협업을 통해서 아이는 자신의 삶을 기획하는 자립성을 기를 수 있다.

사람은 살아가면서 어떤 형태로든 다른 사람과 상호작용하게 된다. 아무리 뛰어난 개인도 혼자 따로 떨어져 살아갈 수 없다. 개인은 스스로 설 수 있으면서도 다른 사람과 손잡을 수 있어야 한다. 관계 속에서 자신의 의견을 적절하게 표현하고 서로의 의견을 조율하며, 갈등을 조정할 수 있어야 한다.

자립적이면서 서로를 돌보는 아이

•

깊은 산사에 들어가 몇 년을 공부하고, 사법고시에 합격했다는 성공 스토리가 아직도 우리 사회에게 전설같이 내려온다. 그래서 아직도 그 많은 진로교육에도 아이는 스스로 고립되어 성취를 얻는 과정을 자립이자 진로라고 생각하곤 한다.

그러한 자립은 어렵게 여겨질 수밖에 없다. 특히나 준비가 부족한 아이가 스스로 모든 일을 혼자서 척척 해낸다는 것은 쉬운 일이 아니다.

스스로 선다는 것은 경쟁과 고립을 말하지 않는다. 가족들에게 기대고, 직장 동료와 이웃, 내가 만나는 여러 사람들과 도움을 주고받으며 개인도 스스로 설 수 있다. 타인과 함께하고, 서로를 돌보면서 자신이 누구인지, 무엇을 잘하는지 알게 된다.

혼자만의 자립은 어쩌면 없다고 볼 수 있다. 결국 인간의 자립은 여럿이 함께 만들어가는 것이어야 한다. 그러므로 양육에 있어서 자주성과 공생성은 분리된 가치여서는 안 되고 함께 다뤄져야 한다.

자립적이면서도 서로를 돌보는 아이로 자라게 하기 위하여 우리는 노력한다. 좋은 방법 중 하나는 자신이 알고 있는 바를 다른 사람에게 알려주는 것이다. 가령, 공부를 할 때 효과적인 방법은 타인에게 가르쳐주는 것이라고들 한다. 다른 사람에게 알려주면서 자기 스스로도 정확히 기억하는 것이다. 자신과 타인이 함께 설 수 있다.

우리는 아이가 자신이 배운 것을 다른 사람들에게 나눌 수 있도록 한다. 보통은 고등학생이 어린이를 대상으로 알려주는 방식이다. 아이는 그 과정 속에서 가르치는 사람과 배우는 사람의 입장 사이를 오가게 되며, 더 큰 배움을 얻게 되고, 자신이 제법 쓸모 있는 존재라는 것을 발견한다. 돌봄의 대상이던 아이는 다른 사람에게 알려줌으로써 타인을 돌볼 수 있는 존재가 된다. 그렇게 돌봄을 받은 아이는 또 다시 자신보다 더 어린 아이에게 지식을 나눈다. 타인을 돌볼 수 있는 구체적 경험을 통해 자기 앞가림을 할 수 있는 존재라는 것을 스스로 깨닫는다.

과학고에 다니는 인규는 고등학생 선생님이 되어서 동네 아이들에게 과학적 지식을 알려주고 있다. 우주과학을 소재로 한 영화를 바탕으로 총 4회 프로그램을 구성했다. 초등학생과 중학생 모두 흥미를 가지고 이해할 수 있도록 쉽고 재미난 설명을 준비했다. 인규는 동생들 앞에서 이야기를 한다는 것이 처음에는 부끄럽기도 했다. 하지만 인규가 과학고에 진학한 건 초등학생일 때 동네 형이 열었던 과학 프로그램에서 자극을 받아서였다. 그 기억을 마음에 새기고 있던 인규는 다른 동생들에게도 그 경험을 나누어주고 싶었다. 스스로 서며 타인도 함께 세우는 경험은 이처럼 한 아이에서 다른 아이로, 그리고 또 다른 아이로 점점 더 넓어진다.

　학교를 그만둔 재철이는 방학을 맞은 동네 아이들에게 호신술을 가르쳤다. 무술을 갈고 닦으며 배워 어린이 강좌를 연 것이다. 무술에는 제법 자신이 있었지만 동네 아이들에게 가르쳐야 한다니 부담이 되었다. 재철이는 수업 과정을 설계하고, 아이들 눈높이에게 가르쳐야 할 것들을 여러 번 체크했다. 여러 차례 반복해서 해보니 자신감이 붙었다. 이 일이 즐겁고 계속 개발해보고 싶은 마음도 생겼다. 재철이는 이후 스포츠학과로 진학해 졸업했다. 요즘은 아이들에게 무술을 가르치는 사범으로 일을 하고 있다.

　아이는 자신이 가진 지식을 또래와 동생들에게 가르치면서 본인의 지식을 더욱 체계화하고 강화한다. 지식과 경험을 나누면서 자신에게 어떤 강점이 있는지, 부족한 점은 무엇인지 스스로 깨닫는다.
　형, 누나, 언니, 오빠에게 지식과 경험을 배우는 동생들은 앎에 대한 자극과 함께 배우는 과정의 기쁨을 체득한다. 자신도 좀 더 자라서 지식을 나누는 사람이 되고 싶다고 생각한다. 아이들은 서로를 도우며 자란다.

02

자기주도적 활동과
공부에 대한 오해

**"이제 곧 의사돼요.
저 지금은 하나도 안 멋져요."**

·

뜨거운 여름의 끝자락, 아이들과 어른들이 한데 모여 동네가 시끌벅적하다. 동네축제가 열리는 날이다. 매년 9월 9일마다 축제를 연 지도 어느덧 13번째가 되던 해였다. 축제의 한가운데 멀리서 반가운 눈인사를 건네는 사람이 내게로 다가왔다. 금세 눈에 익은 얼굴임을 알 수 있었다.

진주 : 선생님, 저 기억나세요?

나 : 그럼! 이게 얼마만이야. 반갑다!

진주 : 부모님 댁에 왔다가, 지나가다 들렀어요. 예전 생각이 나서요. 시끌벅적하네요. 오늘 축제인가 봐요.

나 : 청소년축제 올해도 한다. 벌써 13번째야.

진주 : 와, 벌써 13년이나 됐네요! 덴마크(내 별명이다.) 센터장님은 그대로시네요.

나 : 많이 늙었지. 그런데 너 참 멋지게 변했구나. 아니, 중학생 때도 멋졌어!

진주 : 선생님, 그때 기억하세요?

나 : 그럼 기억하지. 너 중학생 때부터 고등학생 때까지 활동했잖아. 유기견 주제로 동물권 프로젝트도 하고. 그때 너 진학 때문에 고민했던 거 기억난다. 철학과 갈까, 한의대 갈까 고민했잖아.

진주 : 맞아요. 그때 고민하다가 한의대 선택했어요. 지금은 6학년 됐어요. 곧 의사돼요.

나 : 너 여전히 멋지구나.

진주 : 선생님, 저 지금은 하나도 안 멋져요. 돌아보면 중학생, 고등학생 때 여기서 활동하던 때가 멋졌어요.

나 : 진주야, 너 여전히 멋져. 그때 네 마음이 아직 네 안에 있을 거야. 곧 의사되면 연락해. 동네 아이들 진맥이라도 한번 봐주러 와라.

진주 : 네, 선생님. 곧 의사돼서 다시 올게요.

진주는 중학생 때부터 고등학생 때까지 동물보호활동을 참 열심히했다. 중학생 2학년 친구 다섯 명이 똘똘 뭉쳐서 활동을 했다. 이들의 캐치프레이즈는 '동물에게 사랑을, 키우는 데 책임감을'이었다. 길거리에 돌아다니는 유기묘와 유기견을 보며 '불결하다.', '병을 옮긴다.', '불쾌하다.'는 사람들에게 이러한 문제의 핵심 원인은 동물을 버리는 책임감 없는 사람들의 행동에 있다는 것을 알려주려 했다.

아이들은 정확한 정보를 알고 싶어서 답십리에 있는 유기동물보호센터에 방문해 강아지 산책 자원봉사를 했다. 유기동물 관련 실태조사를 하기 위해서 유기동물보호행동을 하고 있는 대학생 언니들에게 연락해 찾아가 만나기도 했다. 어떤 날은 경기도 포천에 있는 유기동물보호소까지 먼 길을 다녀왔다. 공간을 견학하고 유기견순화교육에도 직접 참여했다.

이후 유기동물보호를 위한 길거리 캠페인을 하기 위해 부스를 차리고, 보이는 라디오를 진행하고, 축제에서 음료를 팔아서 번 돈으로는 강아지 사료를 구입해 유기동물보호소에 물품을 후원하고 남은 돈은 기부를 했다. 이밖에도 동네 사람들이 버려진 동물에 대해 어떻게 생각하는지 알기 위해 직접 만나 인터뷰하고 설문조사를 했다. 조사 결과는 카드뉴스로 만들고 UCC로 제작해서 학교와 우리 기관에서 상영하고 배포했다.

진주는 활동 과정에서 친구들과 재미있는 추억을 쌓으면서 깊은 우정을 경험할 수 있었다. 활동뿐만 아니라 함께 공부도 열심히 했다. 중학교를 졸업하고, 고등학교에 가서도 활동을 이어 했고, 서로의 꿈과 학업을 응원하는 관계를 지속했다. 진주와 친구들은 고등학교 2학년 때까지 동물보호를 위한 다양한 활동을 펼쳤다.

진주와 아이들이 처음 활동을 시작한 것은 단순히 재미있어 보였기 때문이다. 다소 형식적이고 선배나 선생님의 이끌림에 많이 의존하게 되는 학교 상설 동아리와 다르게, 친구들이 모여서 직접 하나씩 만들어가야 한다는 데 매력을 느꼈다.

하지만 막상 프로젝트를 진행하자 중학생인 자신들이 많은 것을 직접 해야 한다는 것이 매력이 아니라 부담감으로 다가왔다. 주제를 정하는 것부터 쉽지 않았다. 열심히 하는 시늉을 하면서 대충 동생들과 놀아주는 쉬운 길도 있었지만 타협하지 않았다. 어려운 길이라도 처음 마음먹은 대로 제대로 해보고 싶었다.

진주와 아이들이 오랜 기간 활동에 집중하게 된 특별한 계기가 있었다. 중학교 2학년 10월, 이 아이들에게 급한 전화가 왔다. 길을 잃고 헤매는 개 한 마리가 있다는 전화였다. 아이들은 이 개가 도로를 무작정 건너다니다 보면 로드킬 당할 것만 같았다. 주변에 도움을 요청하고, 노끈을 구해와 목에 묶어주고, 주인을 찾기 위해 경찰서와 관리사무소에도 찾아갔다. 다행히 주인을 찾았고 강아지 이름이 풍산이라는 것을 알게 되며 하나의 재미있는 에피소드로 끝이 났지만, 이 일로 진주와 아이들은 누군가에게 도움이 되었다는 용기를 얻었다. 진주에게는 예전 좋지 않은 기억을 이기는 경험이기도 했다. 진주는 중학교 1학년이었던 지난 겨울 방학에 집 근처에서 상처 난 슈나우저 강아지가 방황하는 것을 보고 마음에 걸렸지만 '내 일 아니지.'라고 애써 모른 척했던 기억이 있었다. 이 기억은 동물보호활동을 하는 내내 진주의 마음을 불편하게 했다. 진주는 이 불편한 기억을 풍산이의 집을 찾아주는 사건으로 어느 정도는 해소할 수 있었다. 아이에게는 어른보다 큰 양심이 있다.

유대감을 키운 아이는 서로의 꿈을 지지하고 학업에도 열정을 가진다

•

진주가 한의대에 간 건 간절히 바라던 자기 꿈을 이룬 것인지도 모르겠다. 최종 학과를 정할 때도 철학과를 가야 할지 의대를 가야 할지 여러 번 신중하게 고민하는 모습을 볼 수 있었다.

자녀를 의사로 만들고 싶은 부모가 많다. 이들은 어릴 때부터 '어느 학원을 가야 한다.', '무엇을 일찍 해야 한다.'라는 등 부모가 만든 커리큘럼대로 아이를 이끌려고 한다. 하지만 진주는 자신이 선택하여 길을 걸어왔다. 그 모습이 나는 참 멋지다. 진주가 어떤 의사가 될지 모르겠지만, 스스로 멋지다고 이야기하는 행복한 의사가 되었으면 좋겠다.

서로 개성이 다른 친구들이 모여 팀워크를 이루는 일은 힘이 들지만 무엇인가 해보고 싶은 아이들이 모인 것이기에 서로 배움의 상승효과를 경험한다. 의견을 조율하면서 협업의 역량이 생기고, 우정을 키우고, 집단적 유능감을 맛본다.

이렇게 유대감을 키운 아이들은 서로의 꿈을 지지하는 파트너가 되어서 학업에도 더 열정을 보이는 경우가 잦다. 사회적 역량이 있고, 무엇인가 보람 있는 행동을 했을 때 힘을 얻는 아이에게 학업만 강요한다면 오히려 삶의 가치를 잃고, 방황하거나 크게 흔들릴수도 있다는 것을 양육자는 생각해야 한다.

그리고 무엇보다 찬란한 경험을 쌓는 일은 즐거운 일 아닌가? 자신을 둘러싼 주변 세상을 변화시키기 위하여 스스로 탐구하고, 계획하고, 행동하는 학창시절이 있다는 것은 얼마나 아름다운가? 친구들과 함께 공동의 주제를 가지고 탐구하고, 행동하고, 결과를 만들어본 아이들은 이렇게 말한다.

"처음으로 무언가를 완성해본 경험이 뿌듯했다."
"관람객이 아니라 운영진이 되어보는 경험은 처음 해봤다."
"책임감이 얼마나 중요한지 알았다."
"내 세상이 넓어지는 기분이다."
"나는 짱짱 멋지다."

보통 교육은 아이의 약점에 집중한다. 아이가 아직 가지지 못한 것을 강조한다. '영어가 부족하다.', '국어가 아쉽다.', '수학 교과 어

166

느 부분을 더 이해하고, 문제 풀이의 실수를 줄여야 한다.'라는 식이다.

그러나 사람은 자신의 강점을 발견할 때 새로워진다. 아이는 자신이 지닌 강점을 바탕으로 해낼 때 자신감을 가진다. 작은 성공을 스스로 만들어본 아이는 성공 경험과 함께 자신의 부족했던 부분들까지 자신도 모르는 사이에 채워지고, 해결되고, 성장하게 된다.

무엇인가 한 번 해보려고 하는 친구, 선배, 동생과 함께 공동의 목표가 있는 프로젝트를 진행하면서 일종의 동기부여가 된다. 삶을 주도적으로 이끌어갈 힘을 얻는다.

"공부를 소홀히 하지 않을까요?" 어른의 오해

•

부모는 아이의 진로를 빠르게 찾아주기를 원한다. 하지만 진로를 확실히 선택했다고 말하는 아이조차 자신에게 딱 맞는 일이 될지 늘 고민하곤 한다.

학생들을 가르치는 일이 정말 스스로에게 즐거운 일인지 확신이 없었던 미지는 고등학생 때 동생들을 가르치는 멘토링을 했다. 주말 아침이 되면 초등학생 2명을 우리 센터에서 만나 가르쳤다. 생각보다 자신을 잘 따르는 동생들을 보며 모르는 것을 알게 해준다는 생각에 그 시간이 즐거웠다. 미지는 교사가 되기 위해 교대에 진학했다. 지금도 자신의 선택을 자랑스러워한다.

고등학교 2학년 주연이는 여름방학 동안 '세상을 바꾸는 청소년 학교'라는 캠프에 참여했다. 그해 캠프는 난민이 큰 주제였다. 참여한 아이들은 첫날 난민인권센터에서 온 선생님과 만나고 이야기를 나누었다. 이후 4일 동안 조를 나누어 난민 문제에 대한 해법을 생각해보고 실천하는 활동을 했다. 난민이 되어보는 역할극을 하고, 박스 집을 짓고, 텐트를 치고 함께 쪽잠을 자기도 했다. 이후 난민에 대한 부정적인 인식을 개선하는 피켓을 만들어서 사람들에게 알리는 구체적인 실천 활동으로 이어갔다. 주연이는 프로그램을 마친 다음 날, 엄마를 모시고 우리를 찾아왔다.

"주연이가 너무 좋은 경험을 했다고 같이 가보자고 해서 왔어요."

주연이는 엄마에게 자신이 친구들과 함께 캠프에 참여했던 공간을 샅샅이 보여주며 여기서 4일간 어떤 일들이 있었는지 자세히 이야기했다. 그러고는 엄마에게 말했다.

"엄마, 그 동안 내가 왜 공부해야 하는지 몰랐어. 그런데 이제 나 공부할 이유가 생겼어. 난민에게 친구가 되어줄 거야. 열심히 공부하고, 대학 갈 거야."

자기주도적으로 행동하고 말하는 아이를 보면 보통의 어른은 참 대견하게 생각한다. 그러나 아이가 자기주도성을 키우기를 바라면서도 부모는 '자녀가 좋은 일, 좋아하는 일을 하다가 공부할 시간을 뺏길 것'을 걱정한다. 혹시나 세상일에 관심 가지며 공부에 집중하지 못하고 흔들릴 것을 걱정한다. 그래서 아이에게 열심히 공부해서 대학 간 후에, 취업한 후에 좋은 일은 해도 늦지 않다고 이야기한다.

그러나 아이는 아무 생각 없이 참여하지 않는다. 자기주도적 활동을 하는 아이는 이 활동이 자신에게 유익하다는 것을 알고 있다. 활동을 통해 얻는 실질적인 유익이 있다고 생각한다. 장차 대학에 진학할 때나 취업을 할 때 주도적 삶을 살아왔음을 자기소개서를 통해 보여줄 수 있다는 것을 알고 있고, 그것이 일종의 '스펙'이 된다는 것도 알고 있다.

이렇게 말하면 요즘 아이들이 순수하지 않다고 비판하는 사람들이 있을 것 같다. 하지만 실제 자기주도적 봉사활동 등에 참여하는 아이들은 학업 성적이 뛰어나고, 꿈이 구체적이거나, 자신의 적성에 맞는 꿈과 미래를 만들어나가고 싶은 학생들이 다수다. 또 사회를 비판적으로 읽는 지성이 있고 자신이 소중하게 생각하는 가치와 생각, 능력을 증명하고 싶어 하는 아이들이 주도적으로 참여한다.

그래서 오히려 우리는 성적도 좋지 않고 아무것도 하고 싶지 않다는 아이들에게 어떻게 자기주도적 활동을 설명하고 매력적으로 보이도록 다가가야 하는지에 대한 고민이 크다.

'할 수 있다'는 자신감으로
더 큰 목표를 추구하고 싶어진다

●

특성화고등학교에 다니는 경아는 중학생 때 친했던 친구들과 여러 학교로 흩어진 이후에도 우리 센터로 찾아와 친구들과의 관계를 지속하며 활동을 했다. 경아와 친구들의 활동 주제는 2년째 페미니즘이다. 페미니즘에 대해 탐구하고 당당한 여성으로 살아가는 것에 관심을 가졌다.

페미니즘이라는 주제를 부정적으로 인식하는 사람도 있지만, 아이는 남성과 대결하고, 잘못되었다 지적하려는 것이 아니었다. 여성들이 어떤 부분에서 차별받고 있는지 알아나가고 조금씩 바꾸어 나가야 한다는 것을 알리는 게 목적이었다. 차별은 장애인이나 청소년에 대해서도 있다고 생각하고 탐구했다. 경아는 고등학교를 졸업하고 금융계 회사로 취업을 했다. 친구 대부분 대학 진학을 했지만 친구들보다 좀 더 일찍 사회인이 된 것이다. 어리고 경험이 부족하다 여긴 경아는 남들보다 일찍 출근하고 더 열심히 일했다. 자신에게 부여되는 어려운 일도 참아냈다. 하지만 고졸·여성·사회초년생을 향해 불합리한 일과 부당한 지시와 무시를 가하는 회사 분위기가 있었다. 고민 끝에 경아는 일을 그만두었다. 그리고 자신이 청소년기에 경험했던 활동을 떠올렸다. 경아는 지금 경기도의 한 청소년센터에서 청소년과 함께 활동하는 일을 하고 있고, 관련 자격증 공부도 시작했다.

아이는 경험을 통해서 자신이 정말 하고 싶은 일, 할 수 있는 일, 잘하는 일, 정말 싫다고 생각했는데 할 수도 있는 일, 나랑은 정말 안 맞는 일 등을 알게 된다. 자신과 사회를 더 잘 이해하게 된다. 또 '할 수 있다.', '하고 싶다.'라는 마음이 생긴 아이는 공부에 목표를 가질 수 있고 더 집중한다.

배운 것을 나누면서 더 크게 배운다

•

학교에서 하는 동아리 활동은 학교 선생님을 통해 기록되고 점수로 평가되지만, 학교 밖에서 이루어지는 활동은 그렇지 않다. 스스로 기록하고 기억하고 스스로의 기준에 의해서 자신의 언어로 평가할 수 있는 일이다. 그러나 학생부에 기록되지 않으므로 대학에 진학할 때 점수로 반영되지는 않는다.

학교 진학에 도움이 되지 않아도 학교 밖에서 하는 활동은 학교라는 공간 너머를 볼 수 있게 한다. 모여서 활동하고, 부족한 것은 배우면서 채우고, 자신이 지닌 것을 친구와 이웃에게 나누며 아이는 성장한다.

자유로운 공간에서 모임을 가지며 아이들이 내뿜는 활동 에너지는 대단하다. 그러나 함께 배우고, 타인과 나누는 일을 경험하는 아이는 아직 소수다. 나는 모든 아이가 학교에서 배운 지식을 더 많은 사람들과 친구들과 동생들과 선배들, 자신이 사는 지역과 나눌 기회를 가질 수 있기를 바란다.

이렇게 해보는 것은 어떨까? 봉사활동 기록을 상급학교 입시에 활용하지 않고 중학교와 고등학교 졸업 기준에 적용하는 것이다. '졸업을 위해서는 청소년 자율적 봉사활동 중학교 60시간, 고등학교 80시간, 학교 안이 아닌 학교 밖 지역에서 활동해야 한다.'고 제도를 바꿀 수 있다.

미국이나 일본 등 외국에서는 졸업기준으로 봉사시간 이수제도를 이미 시행하고 있다. 미국 워싱턴DC에서는 고등학교를 졸업하기 위해서는 100시간 자원봉사를 요구하고 있다. 미국 내 다른 주에서도 75시간 혹은 48시간 이상 지역사회를 돕는 활동을 한 경우 학점을 주는 봉사학습제도를 운영하고 있다. 우리나라 여러 대학에서도 봉사학습을 교양필수 과목으로 삼고 있다.

봉사학습이라고 부르는 이유는 배운 것을 나누면서 더 크게 배우기 때문이다. 전혀 새롭거나 어려운 일이 아니다. 우리나라에서도 미국 대학 입시를 준비하는 여러 학생들이 지역봉사활동을 하고, 다양한 경험을 쌓아서 자신의 사회적 이력을 관리한다. 외국 대학 입학을 준비하는 학생들은 지역사회 봉사를 실천하고, 국내 대학 입학을 준비하는 학생들은 학원으로 향하는 현상은 무언가 이상하고 어색하다.

아이에게 일을 맡길 수 있어야 한다

아이에게 묻고, 의논하고, 부탁하자

아이에게는 나이에 맞는 일이 필요하다. 아이가 아직 충분히 준비되지 않았기에 어른은 걱정하지만, 아이는 가정과 학교, 동네에서 자신의 일을 할 수 있어야 한다.

어른이 모든 일을 대신해버리면 아이는 대상자가 될 수밖에 없다. 아이가 자기주체성을 지닐 수 있도록 하기 위해서 어른은 자리를 펴고 거드는 정도면 된다. 서툴러 보여도 아이에게 힘이 있다고 믿고 일을 나누어야 한다. 아이에게 무엇을 할 수 있는지, 무엇을 하고 싶은지 묻고, 함께 둘러앉아 해법을 의논하고, 구체적인 참여를 부탁하는 일은 아이의 자주성을 키우는 데 아주 중요하다. 아이에게 묻고, 의논하고, 부탁하면서 일을 나누기만 해도 아이의 자주성이 커진다.

우리는 초등학교 고학년이 되면서부터 동아리에 가입할 수 있도록 하고 일을 맡긴다. 사람은 일을 같이 할 때 힘이 난다. 아이 한 명 한 명에게 맡겨진 일을 혼자서 해결하라고 요청했다면 모두 도망가버렸을 것이다. 우리는 함께하는 힘을 믿었다. 같이 일을 하다 보면 내가 잘할 수 있는 부분과 기여할 역할이 생기고, 그 속에서 자신감이 생긴다. 자주성과 공생성은 한 세트처럼 움직인다. 함께하다 보면 스스로 서게 되고, 스스로 선 사람은 함께도 잘 산다. 아이와 함께 의논하며 일하는 문화가 자리 잡으면서 우리와 함께해온 아이들은 "내가 할 수 있다."라는 자신감과 "우리가 해냈다."라는 자긍심을 만들어가고 있다.

아이들 손은 도끼 손

•

아이는 늘 순하고 착하기만 하지 않다. 도끼 손을 가졌다. 5~6학년이 되면 무리를 지어서 다니며, 우리가 함께 사용하는 건물의 이곳저곳을 점령하는 세력이 나타난다. 이 아이들이 한번 휩쓸고 가면 절대 부숴지지 않을 줄 알았던 것들이 망가진다.

디자인용 아이맥 컴퓨터 액정은 두 번이나 깨졌다. 노래방 모니터가 망가진 적도 있다. 얼마 전에는 두꺼운 안전유리로 만들어진 강의실 문이 어디까지 열리는지 알아보겠다며 억지로 밀다가 박살 냈다. 문고리 양쪽을 서로 잡아당기며 잠기놀이를 하다가 손잡이를 뽑아버리거나, 전자드럼 패드 속이 궁금하다며 억지로 열어서 고장을 냈다. 음식물을 안 보이는 곳에 던져두어서 썩은 냄새가 진동하기도 한다. 자신을 놀린다고 생각하고 동생을 눕혀두고 그 위에 올라타서 힘을 과시하기도 한다. 아이는 실수한다. 잘 참지 못할 때가 있고 어른만큼 노련하지 못하다.

감정을 다양한 방식으로 표현해보지 못한 아이는 쉽게 욕을 내뱉으며 복잡한 감정을 해소한다. 욕은 가장 간단한 의사소통 방식이다. 자신의 불편한 마음을 다듬어진 언어로 표현하기 어려울 때, 익숙하지 않은 상황일 때, 갈등을 조정하는 게 힘들 때, 불편한 스트레스에서 벗어나고 싶을 때 등 기분의 좋고 나쁨을 모두 담아서 간단하게 욕으로 표출할 수 있다. 욕을 하고 나면 죄책감이 들기도 하지만 왠지 모를 해방감과 카타르시스가 느껴지기도 한다. 자신의 감정을 표현하는 방식에 서툰 아이일수록 주변을 자세히 살피지 않은 채 화를 내기도 하고, 욕을 하기도 하며, 힘으로 상대를 제압하는 방식으로 감정을 표출한다.

아이는 문제가 없지 않다. 문제를 지니고 있다. 거기에다 서툴기도 하고, 에너지가 넘쳐서 높은 곳에 올라가서 뛰어내리는 것이 일상이다. 그러나 몇몇 아이들의 잦은 실수와 무례함을 예방하려다 아이를 믿지 못하고, 아이가 하는 활동을 막아서게 될까 봐 나는 걱정한다.

아이 손은 도끼 손이다. 정교하기보다 투박하다. 망가뜨리고 부서뜨리기 십상이다. 그러나 그렇다고 해서 행동에 제약을 주고 사용하지 못하도록 막아서는 안 된다. 규칙을 알려주고 지킬 수 있도록 믿어주어야 한다.

며칠 전에 있었던 일이다. 저학년 학생들도 이용하는 공간인데 6학년 학생들이 책상 위에 올라가고 물을 여기저기 뿌리고 슬라임을 아무 데나 던져놓았다. 이번이 처음이 아니었다. 이전에도 몇 번씩 반복된 일이다. 나는 정말 속이 상했다. 소리를 크게 지르며 혼내고 싶었지만 참았다. 숨을 한 번 크게 쉬고 타일렀다. 함부로 어지럽힌 공간을 정리하는 사람의 기분을 헤아려볼 수 있도록 알려주고 공간 이용에 질서를 지켜줄 것을 다시 한 번 당부했다.

6학년 학생들이 그 공간을 어지럽혔다고 해서 고학년 출입을 금하고 저학년 학생들만 이용하게 해서는 안 된다. 자기 역할을 알려주고 지킬 수 있도록 해야 한다. 아이들은 서툴고, 잘 망가뜨리지만 그래도 공간을 허락하고 일을 맡겨야 한다.

친절하지만 그냥 도와주지 않는
「스즈메의 문단속」 어른들처럼

•

신카이 마코토 감독의 애니메이션 「스즈메의 문단속」에는 재난의 문을 닫기 위해서 최선을 다해서 달려가는 주인공 소녀 스즈메가 있다. 나는 그 소녀의 마음이 요즘 아이들 마음처럼 느껴졌다. 아이는 어른보다 더 큰 양심을 지닌 존재다. 아이에게는 옳은 일을 능률적으로 하고 싶어 하는 마음이 있다.

그러나 아이는 아직 옳은 방향이 어디인지 알기 어렵고, 혼자서는 용기를 내기도 힘들다. 거듭되는 재난을 멈추게 할 힘이 부족하다. 그래서 대부분의 아이는 애니메이션의 주인공 스즈메와는 다르게 무기력해진다. 여럿이 함께 모이고, 변화를 상상하고, 실천하는 문화를 만드는 일은 그래서 중요하다. 아이가 크고 대단한 변화를 만들지 못하더라도 자신이 살고 있는 지역과 공동체에 긍정적인 영향력을 발휘할 수 있도록 한 걸음 내딛게 해야 한다.

「스즈메의 문단속」에서 주인공 스즈메는 여러 어른을 만난다. 스즈메가 만난 어른들은 친절하지만 그냥 도와주지 않는다. 스즈메에게 어린아이를 돌보게 하고, 청소와 설거지를 시키고, 서빙을 하게 하는 등 구체적인 일을 부탁하다. 자신이 재난을 멈추는 문을 닫는 중요한 일을 하고 있다고 느끼는 스즈메는 기꺼이 이런 작은 일들을 해낸다. 스즈메는 이 과정에서 자신의 마음과 의지, 역량을 확인하고, 실력을 키우게 되었을 것이다. 자신 삶을 이끌어가는 실력과 태도는 일을 통해서 배우게 된다.

이는 서비스 러닝Service-Learning, 즉 봉사학습이라고 할 수 있다. 서비스 러닝은 배운 지식이나 학습정보를 활용하여 지역사회 봉사를 함으로써 실천적 문제해결능력을 키우고 자기주도학습능력을 높이는 것을 말한다. 자신의 삶에 직접적으로 참여하고, 실천을 통해서 배운다는 개념은 미국의 사상가 존 듀이John Dewey의 경험 학습 이론과 브라질의 교육학자이면서 법률가이자 행정가였던 파울로 프레이리Paulo Freire를 통해서 정립되었다.

자신의 삶과 연결된 문제를 스스로 찾고 해결해가며 문제해결력과 지성을 키우고, 결국 해방에 이른다는 프레이리의 교육사상은 실용적이고 매력적이다. 그의 제자들은 봉사학습을 크게 2가지 흐름으로 구분했다. 하나는 식민화된 봉사학습이고, 다른 하나는 시민으로서 참여하는 봉사학습이다. 식민화된 봉사는 다른 사람이 짠 형식과 내용에 무비판적으로 참여하는 태도를 말한다. 의무화된 봉사학습은 사회와 연결된다는 장점이 있지만, 참여하는 학생이 스스로 생각하기를 포기하게 만들 우려를 담고 있기도 하다.

그냥 놔둔다고 해서 아이는 삶의 주인이 되는 행동을 스스로 찾아 하지 않는다. 어른이 아이에게 세상에 필요한 작은 일들을 부탁해야 하고 스스로 선택할 기회를 제공해야 한다.

아이에게 부탁하는 과정에서 아이의 목소리가 담길 수 있도록 세심해야 한다. 좋은 일이라고 부모가 강권하면 아이는 억눌림 속에 머물러 있을 수 있다. 아이가 작은 세상을 바꾸는 봉사학습은 억

압으로부터 해방되는 소중한 경험이 되어야 한다. 이왕이면 자신의 양심과 이웃 사랑에 바탕을 둔 활동이라면 더 좋다. 공동체의 일원으로서 책임감을 지니는 아이는 스스로 돌보고, 자신의 능력으로 다른 사람을 도울 수 있다. 또 자신이 처한 상황을 적극적으로 개선해나가는 노력만으로도 비슷한 입장에 놓인 사람들을 돕고, 사회에 긍정적인 영향력을 미칠 수 있다.

제 앞가림도 서툰 아이가 잘해서 맡기는 게 아니다. 다시 말하지만 아이는 일을 통해서도 배우고 성장한다.

> 만약 수많은 어린이들이
> 수많은 작은 마을에서
> 수많은 작은 일을 한다면
> 세계는 바뀌리라.
>
> ─『지렁이 카로』 중에서

04

사람들의 관계를 이어주는 아이의 힘

어려서 할 수 없는 아이에서
혼자 서는 아이로

아이에게는 사람들을 이어주는 힘이 있다. 사람과 사람을 연결하며, 도시를 따뜻한 공동체로 변화시키는 힘이 있다. 자신의 힘을 알아챈 아이는 끊어진 관계를 이어주는 활동을 참 쉽게도 해낸다.

이러한 믿음으로 우리는 매년 '시작된 변화'라는 이름의 프로젝트를 연다. 참가를 희망하는 아이들은 직접 신청서를 작성해서 지원한다. 그중 스스로 참여하고자 하는 의지가 큰 아이를 중심으로 프로젝트팀이 꾸려지도록 돕는다. 아이는 친구들과 팀을 이뤄 지역과 사회의 문제를 찾고 이를 해결하기 위해 계획을 세워 실천한다. 우리의 일은 아이들이 성공적인 프로젝트 수행 경험을 할 수 있도록 응원하고 지원하는 것이다.

2011년 공릉동 아이들이 만든 6개 팀으로 첫발을 뗄 때 시작된 변화 프로젝트는 참여한 아이들에 의해 펼쳐진 감동적인 활동 사례가 입소문이 나면서, 노원구 전체로 퍼져나갔다. 참여한 아이들은 형식적인 봉사활동이 아니라 스스로 주도해서 변화를 만들 수 있다는 것을 알았다고 한 목소리로 말했다. 시작된 변화는 더 나아가 아이가 주도하는 미래교육 활동의 일환으로 소개되면서, 청소년주도활동이 전국으로 점점 번져가는 데 힘을 보탰다.

우리가 이 활동을 통해서 만드는 변화는 크게 3가지다.

1. 아이가 만드는 변화
2. 아이의 변화
3. 아이 주변 사람들의 변화

첫째로는 아이가 만드는 직접적인 변화가 있다. 굴다리에 벽화를 그리고, 마을 숲길을 청소하고, 동네 이야기를 자신들의 목소리로 해설하는 소개 영상을 만들고, 자존감이 낮은 친구들을 돕는 상담을 진행하고, 고마운 사람들에게 정성스런 도시락을 배달하며 따뜻한 이웃관계를 만든다. 아이는 작지만 진짜 변화를 만든다.

두 번째로는 아이 자기 자신의 변화다. 활동을 통해서 포스터를 만드는 작업, 공공 공간을 활용하는 경험, 이질적인 사람들과 협업하고 관계 맺고 도움을 요청하는 법, 미디어를 사용하는 법, 자신의 경험을 회고하여 정리하고 퍼뜨리는 법 등을 배울 수 있다. 이 과정에서 아이는 '어리고 할 수 없는 존재'라는 인식에서 벗어나 변화를 만들 수 있는 '할 수 있는 존재'로 스스로를 인식한다.

마지막 세 번째는 아이들이 살고 있는 동네 사람들의 변화다. 아이들은 할 수 있는 존재지만 어른들만큼 경험이 풍부하지도, 능숙하지도 않다. 그때는 경험 많은 어른들의 도움이 필요했다. 아이의 부탁에 팔을 걷고 돕고자 동네 사람들이 나서주었다. 활동을 지켜보던 어른은 덩달아 신이 났다. '돈 벌면 다른 동네로 이사 가겠다.'라고 쉽게 말하던 사람들이 이 동네에서 아이 키우며 재미있게 같이 살아보자고 말했다.

동네를 사랑하는 같은 마음과 의도를 가진 사람들이 속속 등장하면서 우리가 사는 지역에 새로운 문화를 만들어보자는 움직임으로 싹텄다. 쓰고 버려지는 것들을 모아서 되살림 가게를 함께 운영하고, 도서관 자원활동가가 되고, 공동체 카페를 열었다. 동네 투어를 운영하는 마을해설사가 된 사람들, 여러 개의 독서모임 등이 만들어졌다. 함께 모여 시를 공부하고, 숲길을 청소하고, 꽃 이름을 아이들에게 알려주는 사람들도 등장했다. 동네에 힘이 생겼다.

동네 사람들의 관계를 이어주는 일

•

시작된 변화 프로젝트에 참여한 아이 가운데는 이웃들의 사연을 받아서 대신 감사를 전하는 일도 한다. 동네에 고마운 사람이 생긴 누군가 아이들에게 사연을 보낸다. 사연을 받은 아이들은 직접 요리를 준비해서 정성스런 도시락을 만들고, 도시락과 함께 사연이 적힌 편지를 선물한다.

방학이 되면 자신보다 어린 동생들을 위해 창의미술 프로그램을 준비해서 제공하는 아이도 있다.

동네 길고양이를 돌보는 사람들을 서로서로 연결하는 '냥냥이파티'는 획기적으로까지 느껴진다. 냥냥이파티가 열리던 날 야쿠르트 판매원, 대학생 언니 등 남몰래 길고양이를 챙겨주던 동네 사람들이 한자리에 모였다. 서로 얼굴만 마주해도 웃음을 머금었다.

유기동물을 돌보자는 캠페인을 '보이는 라디오'를 기획해 진행하고, 사람들에게 음료를 팔아서 모은 돈을 전부 동물보호단체에 기부하고, 도서관에서 동생들에게 유기동물 관련 동화책을 읽어주는 아이도 있다.

이들은 벌써 몇 년째 이 활동을 지속하고 있다. 파자마파티, 댄스파티, 무대공연 등을 기획해 동네 친구들을 초대하고, 서로 낯선 친구들을 연결하는 일도 척척 잘해낸다.

친구가 가진 고민을 함께 해결하는
또래 상담 클럽

•

어느 날 고등학교 2학년 남학생이 우리를 찾아왔다. 또래상담을 배워 같은 반 친구를 돕고 싶다고 했다. 이날을 계기로 우리는 청소년또래상담 클럽을 만들었다. 이 남학생과 당시 담당 선생님은 여름방학 프로그램으로 청소년상담자를 모았다. 10여 명의 아이가 모였다. 전문 상담 자원봉사자들과 아이들을 1대1로 매칭했고, 이들은 학교와 학원, 교회 등에서 어려움을 겪고 있는 친구를 도왔다.

상처받은 친구들을 돕는 또래상담클럽을 조직한 아이는 상담을 공부하고, 간단한 상담 기법을 연습해서 상담활동을 했다. 자존감에 대해 알기 위해 심리학을 공부하고, 전문가를 찾아서 묻고, 간단한 해결방안을 정리한 자료를 만들어 학급 친구들과 공유했다.

학업 스트레스를 해소할 수 있는 방법을 고민하는 아이도 있다. 어떤 공간에서 어떤 방법이면 좋을지 탐구하여 친구들에게 안내했다. 아이는 스트레스를 푸는 방법 중 하나로 운동을 생각했다. 청소년들이 운동할 수 있도록 자전거코스, 걷기코스를 찾아 지도를 만들어 친구들에게 배포했다.

고3 생활 중에 적절한 운동이 필요하다고 느낀 아이는 점심시간과 저녁시간에 정해진 시간 동안 함께 걷는 걷기운동클럽을 조직했다. 불암산 둘레길을 함께 걸으며 몸도 마음도 지치기 쉬운 고3 생활 중에 자신과 친구들 마음을 돌보는 시간을 가졌다.

형식적인 진로교육에 대한 불만을 품은 아이는 진로 활동을 직접 만들었다. 부모님과 동네 사람들 앞에서 새로운 진로교육의 필요성을 설명했다.

아이가 무기력하고 무관심해서 걱정이라고요?

·

자신이 살고 있는 지역에 관심을 가진 아이는 세상에도 관심을 가진다. 더 넓은 세계로 마음을 넓힐 줄 안다.

중학교 1학년생 경준이는 기왕 자원봉사를 해야 한다면, 좀 더 가치 있는 자원봉사를 해보고 싶었다. 어느 날 텔레비전을 보다가 뉴스에서 일본 후쿠시마 원전 폭발 사고를 접했다. 이웃 나라에서 일어난 원전 폭발 사고는 우리나라 해양과 환경에도 영향을 끼치므로 뉴스에서 크게 다루어졌다.

경준이는 원전문제를 활동 주제로 삼았다. 그러나 중학교 1학년이 해결하기에는 너무 큰 세상 문제여서 어디서 어떻게 접근해야 할지 도무지 알 수 없었다. 일단 원전문제에 대해서 기사와 영상 등을 찾아보며 공부했다. 많은 사람들이 모여 사는 도시에 전기를 공급하고 산업이 발전하기 위해 원전이 필요하지만, 원전 폭발 사고와 같이 대형 사고가 일어나면 매우 위험하다는 것을 알게 되었다. 우리나라의 전기 발전 상황을 살펴보니 태양광 등 대체 에너지 사용이 늘어나야 한다는 것도 알게 되었다. 한편 많은 인구가 살고 있는 도시의 사람들이 에너지 사용량을 조금씩만이라도 줄이면 좋겠다는 생각을 했다.

경준이와 친구들이 택한 주된 실천 방법은 캠페인이었다. 일단 재활용 박스에 일어날 수도 있는 원전의 위험성을 적어서 동네 사람들에게 알렸다. 그러면서 각 가정과 개인이 조금씩 전기 사용을 줄이자고 제안했다. 집집마다 베란다에 간이 태양광 발전 패널을 설치하는 방법 등을 탐구하고 제시했다. 학교 교실과 교무실, 주민센터, 청소년센터, 도서관 등을 돌면서 쓰지 않는 전기 콘센트를 발견하면 빼두기도 했다.

연말에는 이 활동을 왜 시작하게 되었고, 그 과정과 결과는 어떠했는지, 그 속에서 느낀 것과 배운 것은 무엇인지를 자신의 말과 글로 정리해 공유했다. 이들 중 한 명은 고등학교를 졸업하고 원자력 관련 학과로 진학했다.

도통 어떤 일에도 깊은 관심을 가지지 않고 무기력과 무관심으로 일관해서 걱정이라는 부모를 나는 자주 만난다. 강권한다고 해서 아이 마음은 움직이지 않는다. 더 꽁꽁 숨어버리는 역효과도 나타날 수 있다. 고민을 토로하는 양육자에게 나는 말한다.

"자신의 세계를 사랑하는 법을 가르쳐주는 것이 먼저입니다."

그러면 더 넓은 세계도 사랑하는 마음을 배운다.

막막하지만 한 발부터
내딛는 용기

•

고등학교 2학년인 효원이는 다른 학교에 다니고 나이도 다른 친구 세 명과 함께 도시와 농촌이 어떻게 공생할 수 있을지에 대해 궁리하고 실천했다.

함께 프로젝트를 하자고 마음은 먹었지만 무엇을 주제로 삼을지 처음에는 막막했다. 효원이와 친구들은 계속 고민만 하기보다 일단 움직여보기로 했다. 효원이 조부모님이 농사짓고 계시는 농촌으로 체험여행을 무작정 떠났다. 아이들은 일손을 돕고, 직접 요리도 하고, 즐거운 시간을 보냈다. 그러면서 그동안 깊이 생각해보지 못했던 농촌의 어려움을 들을 수 있었다. 농사를 잘 지어도 수확을 할 수 있는 인력이 부족한 문제나, 이상기후로 애써 지은 농작물을 잃어야 한다는 이야기였다.

효원이와 친구들은 서울로 올라와서 이야기를 나누었다. 도시와 농촌에서 나타나는 현상은 다르지만 모두 심각한 기후위기를 함께 경험하고 있다고 생각했다. 이들은 농촌에서 알게 된 환경과 기후위기가 도시 사람들의 삶과도 바로 연결되어 있다는 것을 알리고 싶어졌다. 아이들은 축제를 활용하기로 했다. 농촌에서 보고 들고 느낀 것들을 사진과 글로 정리해서 사람들에게 알리고, 농촌에서 직접 가져온 옥수수를 찌고, 전을 만들어 판매했다. 농산물 판매로 얻은 수익은 작은 돈이었지만 환경단체에 기부했다.

대단한 변화를 만들어낸 것은 아니지만 함께할 수 있다는 자신감과 활동 과정에서의 즐거움을 얻었다. 처음에 아이들은 무엇을 해야 할지 몰라서 답답하고 갈등하기도 했다. 하지만 가만히 앉아서 대화만 하기보다 시골에 계신 할머니 댁이라도 가보는 선택으로 작은 변화를 만들어낼 수 있었다고 회고한다. 효원이는 말한다.

"변화가 찾아오기만을 기다리기보다 능동적으로 먼저 변화를 찾아 나서야 한다는 걸 배웠어요."

이 밖에도 코로나 팬데믹 이후 헌혈 부족 현상을 진단하고 헌혈의 필요성과 안전성을 탐구하는 아이, 전쟁으로 인해 발생하는 해외 난민들의 현실을 알리는 아이, 미세먼지의 심각성을 알리고 대처법을 궁리하는 아이, 육류 소비를 줄이는 일환으로 대체식을 연구해서 맛보게 하는 아이, 동네 어린이놀이터 위치를 확인하고 불균등 하게 설치된 놀이터 공간의 현황과 관리 실태를 드러내는 아이, 멸종위기 동물을 소개하는 아이, 푸드뱅크를 알리는 아이, 일제 침략의 역사를 공부하고 기억해야 할 것들을 동생들에게 알려주는 아이도 있다.

아이는 자기가 정한 프로젝트를 통해 일을 대하는 태도를 배우고, 타인과 소통하는 방법을 배우며, 세상을 탐구하는 법을 배운다. 아이의 세계는 그렇게 자란다.

뛰어난 지도력보다 중요한 아이의 힘을 믿는 태도와 신념

시작된 변화 프로젝트를 2011년 처음 맡아서 진행한 사람은 지금은 양평 서부청소년문화의집에서 관장으로 있는 이혜영 선생님이다. 그녀가 대단한 능력과 감각이 있어 보여서 부탁하고 일을 맡긴 것은 아니다. 그녀가 들으면 화를 낼지도 모르지만 그녀는 당시우리 조직이 첫 사회생활이었다. 아이를 돕는 것은 즐거워했지만, 조직 내에서 가끔은 눈물을 흘리며 힘들어했다. 가치를 실현하면서 일하려고 했지만 경험이 짧아서 다른 동료들로부터 가끔 무시당하기도 하고, 문을 연 지 얼마 되지 않은 청소년시설에서 자신의 역할을 찾아내는 데 많이 힘들어 보였다.

나는 오히려 이런 특성이 아이들을 돕는 일을 하기에 잘 맞을 수 있다고 생각했다. 실제로 이혜영 선생님은 자신의 부족함을 채워줄 사람으로 아이들을 믿어야만 했다. 그리고 아이들은 초짜 선생님에게 큰 힘이 되어주었다.

사람들은 노하우를 묻는다. 그 질문에 대한 나의 대답은 '아이들속에 있는 힘을 믿는 것'이다. 지도자의 능력이 출중하고 잘난 체하는 사람이라면 아이는 뒷전에 두고서 자신이 다해버리려고 할 것이다. 팔방미인이 되어 뛰어난 역량을 자랑하는 사람은 아이를 믿고 앞세우기 힘들다. 아이와 함께하는 활동에는 뛰어난 지도력보다 아이들의 힘을 믿는 태도와 가치와 신념이 더 중요하다.

우리는 대단한 경력을 지닌 능력자를 찾기보다 아이들 곁에 서서 지지와 응원을 보내줄 사람을 찾아 나선다. 월급을 받는 직원도 있지만 그렇지 않은 사람이 나서기도 한다. 보통은 젊은 청년들이다. 이들을 우리는 청소년의 뜰, '청뜰'이라고 부른다. 청뜰이 될 수 있는 조건은 특별히 없고, 아이들이 지닌 힘을 믿을 수 있는 사람, 아이들과 함께 만드는 작은 변화의 가치가 소중하다고 생각하는 사람이면 된다.

05

아이의 일상에 자기주도성이 파고들게 하자

아이가 탐구자로 자라고 있나요?

2020년 OECD는 미래교육의 방향을 제시했다. 새로운 것은 아니고, 2010년에 DESECO Defining and Selecting Key Competencies 프로젝트의 결과로 이야기한 핵심역량 중심의 교육 방향을 좀 더 구체화했다는 것이 옳겠다. OECD의 DESECO프로젝트는 개인의 성공적 삶과 사회의 발전에 요구되는 핵심역량을 규명하기 위하여 1997년부터 2003년까지 12개 국가가 참여하여 7년간에 걸쳐 추진된 프로젝트다. DESECO에서 제시한 핵심역량을 간단히 설명해보자면,

호기심, 협동심, 독립심 등 인간의 마음이 이제 지식과 기술 이상으로 중요해졌다는 것이었다.

　새롭게 제시된 개념은 학습 나침반이다. OECD가 제작하고 배포한 도식에는 한 학생이 가방을 메고 나침반을 들고 서 있다. 산과 들, 빌딩 숲, 사람들 속으로 여행을 떠날 준비를 하고 있는 듯하다. 아이는 마치 한 명의 탐구자처럼 보인다. 그리고 내 눈에는 아이가 들고 있는 나침반이 마치 디지털 도구인 스마트폰같이 보인다. 인류는 이제 두 개의 뇌를 지녔다고 하는데 하나는 머리에 또 하나는 손에 있다고들 한다. 인생의 방향을 설정하고 학습을 돕는 수단으

로서 우리 아이들이 디지털 도구를 활용하기를 바란다.

이제 개인은 탐구자로 인생을 살아야 한다. 저마다의 나침반을 들고서 어디에서 어떤 사람을 만나게 될지, 어떤 배움과 경험으로 학습을 하게 될지, 어떤 인생을 살게 될지는 아무도 모른다. 다양성의 시대라고 한다. 표준화와 대량생산의 시대에는 대량생산에 걸맞은 훈련된 인재가 필요했고 교육은 표준화된 사람을 길러내는 데 힘썼다.

그러나 시대는 빠르게 변했다. 소품종 대량생산은 로봇이 쉽게 대체하는 시대가 되었다. 다품종 소량생산을 할 수 있는 창의력을 갖춘 인재가 중요한 역량이 되고 있다. 한때 공무원은 가히 열풍이라 할 정도로 너도나도 공무원시험 합격을 꿈꿨다. 교대와 초등교사는 인문계 1등이 가던 각광받는 직업이었다. 그러나 지금은 그렇지만 않다. 현재 의사는 정말 많은 사람들이 되고 싶어 하는 선망의 직업이다. 그러나 미래학자 유발 하라리Yuval Noah Harari는 AI가 대체하기 쉬운 직업으로 의사를 꼽고 있다.

10년, 20년 후 아이가 맞을 미래에는 어떻게 될까? 정답은 알지 못한다. 그러나 확실한 것은, 기준이 달라진 지금 인생의 정답은 사라졌다는 것이다. 각자에게 필요한 해답을 찾아야 하는 시대다. 아이가 저마다의 탐구 여행을 떠날 수 있도록 도와야 하는 게 이제 양육자의 역할이 되고 있다.

"자기 주도성을 키우는 학원에
보내야 할까요?"

•

나침반은 언제나 N과 S방향을 향해 바늘이 떨리며 서 있다. 학습 나침반에는 종축의 바늘과 횡축의 바늘이 있다. 종축의 바늘에는 지식과 기술이, 횡축의 바늘에는 태도와 가치가 있다. 그동안 교육에 있어서 중요한 것은 지식과 기술이었다. 이제 지식과 기술만큼이나 중요해진 것이 각 사람마다 지닌 태도와 가치라는 횡축의 바늘이다. 인간 저마다의 태도와 가치는 AI가 대신할 수 없는 것이다.

오늘의 새 것이 내일의 옛 것이 되는 상황을 우리는 쉽게 경험하고 있다. 지식을 암기하는 것만큼이나 새로운 것들 중 가치 있는 것을 판단하고, 계속해서 배울 수 있는 태도가 중요해졌다. 그리고 이러한 좋은 태도와 가치는 마음에서 나온다.

옳고 그름을 분별하는 가치 판단과 역경을 이기고 끈기를 가질 수 있는 태도는 지식 습득만으로 얻을 수 없다. 지식과 기술, 가치와 태도를 두루 아울러 기르기 위해서는 아이가 스스로 주도해 경험해야 한다.

스스로 학습과 자기주체성 및 자기주도성은 미래 인재를 키우는 교육에서 가장 중요하게 다루는 요소가 되고 있다. OECD 학습 나침반, 미래교육 지향원리, 유네스코의 SDGs를 바탕으로 한 세계시민교육, 문제해결 중심 프로젝트형 교육활동 PBLProblem Based

Learning, 수능의 대체재로까지 이야기되는 국제 바칼로레아IB 교육과정, 중학생의 진로설계를 위한 자유학년제와 자신이 배우고 싶은 과목을 선택하는 고교학점제에서도 학생의 자기주체성은 점점 더 강조되고 있다.

교육의 방향이 '스스로 주도하는 것'에 있다고 하니 부모의 마음은 바빠진다. 내 아이를 가만히 보니 점점 더 수동적이고 무기력해져가는 것만 같다. 하라고 해야지만 겨우 엉덩이를 뗀다. 부모는 엉뚱하게도 고민한다.

"자기주도성을 키워주는 학원이라도 보내야 할까?"

자기주도를 엄마 손에 이끌려 학원 선생님에게 배워야 한다니 아이러니가 아닐 수 없다. 자기주도성을 길러주는 일타강사는 세상에 없다.

일상에서 실행하는 자기주도 프로젝트

양육자는 아이에게 사회성을 길러주고 싶고, 자기주도성을 지니게 하고 싶다. 그래서 비싼 돈을 들여서 인성캠프, 해외탐방, 스키캠프 등에 보내기도 한다. 하지만 이러한 일회성 이벤트보다 친구들과 함께하는 놀이야말로 일상에서 가장 효과적으로 자기주도성을 키울 수 있는 활동이다.

우리 기관에서 초등학생 아이들은 '파릇파릇'이라는 이름의 놀이 동아리에 소속되어 활동을 한다. 놀이대원은 초등학교 2학년부터 6학년까지 아이들로 구성된다. 중고생 아이들도 놀이동아리 활동을 한다. 동아리 이름은 '팔딱팔딱'이다. 중학교 1학년부터 고등학교 3학년까지 학교도, 성별도, 나이도 다르지만 함께 어울려 즐겁게 활동한다.

"학원 가느라 바쁘고, 스마트폰 세계에 빠져 대부분의 시간을 보내고 있는 아이들이 놀이 할 시간이 있을까?", "초등학생도 아니고 중·고등학생 아이들에게 친구와 함께하는 놀이라니 시시하지 않은가?" 묻겠지만 놀이에 빠진 아이들은 게임도 재미있지만 함께 모여서 노는 게 가장 즐겁다고 말한다. 놀이를 통해서 아이의 성격이 바뀌고, 리더십이 생기고, 다른 사람들을 이해할 수도 있게 된다. 우리는 놀이를 통해 아이들에게 사회성과 주도성을 가르치려 하지 않지만 아이들은 여럿이 하는 놀이를 통해서 주도하는 즐거움을 자연스럽게 맛본다.

주변에 아이가 활동할 수 있는 기관이 없다면 자녀에게 "이번 여름 가족여행은 네가 짜보라."고 구체적인 일감을 주는 것도 하나의 좋은 방법이 된다. 부모는 아이 계획에 이래라 저래라 간섭하거나 불평불만 하지 않고서 믿고 따라 다녀보는 거다.

우리는 아이들과 함께 다양한 프로젝트를 궁리하고 진행한다. 아이가 일상 속에서 발견한 주제나 해결해야 할 문제를 다룬다. 아이는 자신의 일상 속에서 문제를 찾고, 그 문제를 해결하기 위한 프로젝트를 효과적으로 수행하기 위해서 직접 가보고, 데이터를 찾고, 음식을 만들고, 자신이 가진 지식과 기술을 활용하게 된다. 이는 앎과 삶이 분리되어 단지 시험 성적을 얻는 데만 사용하는 배움과는 전혀 다르다. 배움을 통해 내 삶과 우리의 삶을 바꿀 수 있다는 것을 경험하게 한다.

자신에게 부족한 지식과 기술이 무엇인지도 알 수 있고, 당연하다고 생각했던 것들을 새로운 눈으로 바라보게 되고, 새로운 배움의 욕구가 생겨나기도 한다. 또 여러 사람들과 함께 논의하며 결정하는 과정에서 사회적 역량이 자라고, 옳고 그름의 가치 판단 기준을 가지게 된다. 늘 잘되라는 법은 없으니 여러 시행착오를 겪어가고 계획을 수정해가면서 유연히 대처하는 태도를 지니게 된다.

아이는 스스로 정한 일이어서 난관이 있어도 쉽게 포기하지 않고 꾸준히 다른 대안을 만들어가며 자기 주도 프로젝트를 밀어간다. 이 과정을 통해서 실행하는 힘만이 아니라, 생각하는 힘, 학습하는 힘, 자신에게 일어난 일들을 반성적으로 성찰하고, 성취를 해석하는 힘이 자라난다. 즉 경험을 통해서 얻게 되는 것은 다름 아닌 지성이다.

똑똑하지만 눈치 없고
일머리 없는 사람

•

아이는 세상 속에서 나침반을 들고서 주도적으로 행동하는 탐구자가 되어야 한다. 하지만 세상은 너무 넓고 크므로 세상에 나갈 때까지 아이에게는 충분한 준비가 필요하다. 아이가 경험하기 좋은 세계의 축소판은 멀리 있지 않다. 우리가 일상에서 경험할 수 있는 지역과 동네는 아이들이 경험하기에 좋은 작은 세계다. 아이에게 익숙하기도 하지만 자기주도로 다양한 경험을 만들어낼 만큼 충분히 넓은 공간이다.

자신이 살고 있는 작은 세계 속에서 구체적인 경험을 통해 아이는 삶의 감각을 키운다. 인성과 협력하는 태도를 기를 수 있다. 벨기에에서 시작된 '학습공원'이라는 개념이 있다. 학습공원은 학교 공간을 뛰어넘어 아이들의 삶과 맞닿아 있는 작은 마을 공동체를 배움의 공간으로 설정한다. 초등학교와 중학교 간에 학년의 경계가 허물어지는 미래를 염두에 둔 새로운 학교모델이다. 온 동네가 배움터가 될 수 있다는 생각으로 지역사회를 새롭게 해석하고, 조직하는 것이다. 아이들은 작은 공동체 속에서 사회를 더 잘 배울 수 있다. 교실을 넘어 지역에서 자신이 배우고 싶은 것을 탐구하고, 타인과 협력하는 방법을 배운다.

아이가 살고 있는 작은 동네를 학습공원으로 상상해보자. 아이가 친구와 함께 이 공원에서 탐구자의 소양을 기를 수 있도록 다양한 경험과 체험거리를 만들어보자.

초이성적 바보라는 말을 들어본 적이 있는가? 똑똑하지만 눈치 없고, 일머리 없는 사람을 빗대는 말이다. 영어도, 수학도 잘하고, 자격증도 많고, 공부는 잘하지만 방 청소하고, 밥 짓고, 빨래하는 등 제 앞가림에는 서툴고, 사람들과 함께 협력하고, 갈등을 조율하고, 일의 우선순위를 정하는 등에서는 기초 능력이 부족한 사람을 두고 하는 말이다.

아이들의 배움과 삶을 분리시키는 교육을 이제는 지양하자. 앎이 삶을 변화시키고, 삶 속에서 발견한 호기심이 새로운 배움과 연결될 수 있도록 해야 한다. 아이가 스스로의 생각과 힘과 지식을 통하여 작고 구체적인 경험을 지속해서 만들어나간다면 아이는 교실과 학교를 넘어서 탐구자가 되는 더 큰 배움의 기회를 찾을 수 있을 것이다.

아이를 더 단단하고 당당한 탐구자로 자라게 하려면 학교와 선생님, 학부모와 학생 그리고 아이 주변 사람들의 노력이 필요한 시점이 되었다.

06

스스로 문제를 해결할
시간과 기회를 주자

아이는 힘과 자산을 지닌 존재다

성장 과정에서 아픔을 겪는 아이를 보면 양육자는 다급해진다. 아이 마음속 상처를 치유하는 일에는 전문가가 도와야 할 일과 역할이 분명하다.

하지만 아이에게는 스스로 문제를 해결할 수 있는 힘도 있다. 늘 제자리로 돌아오는 항상성, 문제 상황에 적절하게 대처하는 적응유연성, 상처받은 아이 스스로 치유되는 회복탄력성이 아이 안에 있다. 아이가 회복할 수 있도록 시간과 기회를 허락해야 한다.

200

아이 내면에 힘이 있다는 생각은 오래되었다. 약 100년 전인 1923년 소파 방정환 선생님께서 어린이라는 이름으로 그 존재를 드러냈다. 어린이는 어른보다 새로운 사람이니, 더 높이 대접하라고 했다. 다음은 1923년 선포한 '어린이날의 약속' 중 일부다.

우리들의 희망은 오직 한 가지 어린이를 잘 키우는 데 있을 뿐입니다. 다 같이 내일을 살리기 위하여 이 몇 가지를 실행합시다.

· 어린이는 어른보다 더 새로운 사람입니다.
· 어린이를 어른보다 더 높게 대접하십시오.
· 어린이를 결코 윽박지르지 마십시오.
· 어린이의 생활을 항상 즐겁게 해주십시오.
· 어린이는 항상 칭찬해가며 기르십시오.
· 어린이의 몸을 자주 주의해 보십시오.
· 어린이에게 잡지를 자주 읽히십시오.

— '어린이날의 약속' 가운데

방정환 선생님께서 1923년 5월 1일 발표한 '어린이선언'은 요즘 양육자들에게 시사하는 바가 크다. 특히 어린이가 고요히 배우고, 즐거이 놀기에 족한 각 가정의 문화와 사회적 시설을 만들어주어야 한다는 기초 조건은 부모와 학교, 행정가들과 정치인들이 다시 새겨들어야 할 중요한 대목이다.

소년운동의 기초 조건

· 어린이를 재래의 윤리적 압박으로부터 해방하여 그들에게 대
  한 완전한 인격적 예우를 허하게 하라.
· 어린이를 재래의 경제적 압박으로부터 해방하여 만 14세 이
  하의 그들에 대한 무상 또는 유상의 노동을 폐하게 하라.
· 어린이 그들이 고요히 배우고 즐거이 놀기에 족한 각양의 가
  정 또는 사회적 시설을 행하게 하라.

어른들에게
· 어린이를 내려다보지 마시고 치어다보아 주시오.
· 어린이를 가까이 하시어 자주 이야기하여 주시오.
· 어린이에게 경어를 쓰시되 늘 보드랍게 하여 주시오.
· 이발이나 목욕, 의복 같은 것을 때맞춰 하도록 하여 주시오.
· 잠자는 것과 운동하는 것을 충분히 하게 하여 주시오.
· 산보와 원족 같은 것을 가끔가끔 시켜 주시오.
· 어린이를 책망하실 때는 쉽게 성만 내지 마시고 자세자세 타
  일러 주시오.
· 어린이들이 서로 모여 즐겁게 놀 만한 놀이터와 기계 같은 것
  을 지어 주시오.
· 대우주의 뇌신경의 말초(末梢)는 늙은이에게 있지 아니하고
  젊은이에게 있지 아니하고 오직 어린이들에게만 있는 것을

늘 생각하여 주시오.

어린 동무들에게

· 돋는 해와 지는 해를 반드시 보기로 합시다.
· 어른들에게는 물론이고 당신들끼리도 서로 존대하기로 합시다.
· 뒷간이나 담벽에 글씨를 쓰거나 그림 같은 것을 버리지 말기로 합시다.
· 꽃이나 풀을 꺾지 말고 동물을 사랑하기로 합시다.
· 전차나 기차에서는 어른들에게 자리를 사양하기로 합시다.
· 입을 꼭 다물고 몸을 바르게 가지기로 합시다.

— '어린이 선언' 중에서

방정환 선생님께서 어린이 선언문을 통해 어린 동무들에게 전하는 말을 살펴보면, 서로 존대하고, 꽃과 풀 동물을 사랑하고, 어른들께 자리를 양보하라고 한다. 어린이에게는 스스로 돌볼 수 있는 힘뿐만 아니라 친구를 돌보고, 자연을 돌보고, 마을을 돌볼 수 있는 힘이 있다.

방정환 선생님과 조선소년운동협회는 당시 '어린 것', '어린 놈'으로 치부되기 십상이었던 아이들을 '어린이'라는 이름의 독립된 존재로 재탄생시켰다. 우리 민족이 일본 제국주의 억압에서 독립될 힘을 지닌 것처럼, 아이들은 세상의 억눌림에서 스스로 해방될 수 있는 힘을 지니고 있다고 본 것이다. 선각자들 덕분에 나는 어린이, 청소년이라는 언어에서 힘을 느낀다. 아이들이 지닌 힘은 '세상을 바꿀 힘'이기도 하고 '세상을 연결하는 힘'이기도 하다.

아이에게 상담, 교정, 지도, 교육 등은 중요하다. 상담은 상처를 예방하고 치유하는 중요한 일이다. 교정과 지도 역시 중요하다. 아이는 아직 미성숙하므로 전문가가 나서서 도와야 한다. 하지만 이런 방식으로만 아이를 대하다 보면, 문제를 지닌 결핍된 존재로 아이를 바라보기가 쉽다. 결핍을 전문가가 나서서 채우려고 하고 대응책을 설계하고 서비스를 제공하게 된다. 스스로 생각하고 활동하는 힘이 줄어든다. 아이들에게는 문제도 있고, 결핍도 있지만, 힘과 자산도 있다.

과정 속에서 스스로 길을 만든다
·

"선생님, 열정이 중요하다고들 말하는데 어떻게 열정을 가질 수 있나요?"

어느 날 아이 한 명이 나를 찾아와 물었다. 나도 내 인생의 답을 찾아나가고 있는데, 이런 어려운 질문을 하면 어떻게 답해주어야 할까 골몰하게 된다. 그럴 때 나는 내 이야기와 마음을 될 수 있는 한 솔직하게 들려준다. 그런데 내 이야기를 들려주려다 보니 이상했다. '요즘 학생들은 '열정'이라는 단어를 싫어하지 않나?' 생각이 든 것이다.

> "요즘 학생들은 열정을 강요하는 어른을 꼰대라고 싫어하지 않나요? '열정페이'라는 말도 있고요. 열정을 이야기하는 사람에게 반감을 가진다고 생각했는데, 학생은 왜 열정을 가져야겠다고 생각했어요?"
>
> "음, 제가 만나보고 싶은 사람들이 대부분 열정을 가지고 살아가는 것 같아서 질문했어요."

내 모습이 열정적으로 비춰졌나 보다. 그러나 당시 나는 슬럼프였고, 학생이 '열정을 다하고 살아가고 있다.'고 바라보는 어른인 나도 고민하고 어려움이 있으며 헤쳐나가려 노력하는 과정에 있었다. 나는 그런 나의 이야기를 들려주었다.

자기가 맡은 일에 열심을 다하는 태도는 중요하다. 하지만 열정을 가지고 임하기 전에 반드시 방향에 대해 질문해봐야 한다. 어디로 가고 있는지도 모른 채 무작정 속도만 내서 달려 나가면 안 된다. '방향을 생각하는 것'이 우선이다. '앞으로 나는 어떻게 살고 싶지?', '이 길이 내 길일까?', '나는 무엇을 원하지?' 생각해야 한다.

여기까지 이야기해주었을 때 학생은 다시 질문했다.

"이 길이 내 길인지 어떻게 알 수 있죠?"

아이가 보기에 어른은 만들어진 사람으로 보일 수 있다. 마치 이미 지어져 있는 건물처럼 견고하게 보인다. 그러나 뉴욕 대도시 스카이라인을 수놓는 수많은 빌딩도, 한강변을 달리다 보면 보이는 높은 건물과 아파트도, 세계에서 가장 높은 건물인 부르즈 할리파도 처음부터 견고한 건물이었던 것이 아니다. 지반을 다지고 설계하고 건축하는 시간과 고민과 과정이 있었다. 그 건물들이 들어서 있는 바로 그 땅은 예전에 허허벌판이었으리라. 어른도 마찬가지다. 아이였던 한때를 지나 고민과 선택과 결정과 실패와 성취를 거쳐 지금의 어른이 되었다는 것을 아이가 알면 자신의 고민을 다른 방향에서 바라보고 생각하게 된다.

나는 나 또한 내가 가고 있는 길이 내 길인지 알 수 없었다는 이야기로 운을 떼었다. 내가 원치 않는 학교에 입학했고, 학교생활에 집중하기보다 연극동아리활동에 몰두한 시간에 대하여. 그리고 그 과정에서 내가 얻고 생각한 것들에 대하여 이야기해주었다. 나는 내 진로에 고민이 있을 때 지난 내 경험을 반추해보고 그 가운데 내가 가장 좋아하고 잘하는 것이 무엇인지 생각했었다. 아이들과 만날 수 있는 직장을 찾아서 일을 하다 보니 작은 성취도 얻게 되고, 조금씩 내가 잘한다는 느낌도 들었다. 내 스스로 '시대적으로도 매우 중요한 일이다.'라는 경험적·이론적 근거들이 생겨나면서 더 열심히 하게 됐다. 그렇지만 중간에 여러 번 포기하려고도 했다. 다른 일을 잘할 자신이 없어서 이 일을 계속하게 되었다는 게 솔직한 대답이다. 나는 지금도 고민한다. '이 길이 내 길인지?' 하고 말이다.

그 학생에게 내가 열정적으로 보인 이유를 조금은 알 것 같다. 그 까닭은 내가 '생각하는 일꾼'이 되고자 했기 때문이다. 생각하는 일꾼은 '다른 사람이 시키는 대로만 일하지 않고, 스스로 생각하며 일하자'라는 뜻이 담긴 말이다. 다른 사람이 기대하는 대로 살아왔거나 누군가 결정해주는 대로 살아온 사람은 의사결정을 할 때 주체적으로 선택하기보다 다른 사람에게 선택권을 쥐어주고 따르는 것을 더 편안하게 여긴다. 나에 대해 고민해본 적 없는 사람, 나의 선택과 결정이 어떤 결과로 이어지는지 경험해보지 않은 사람은 다른 사람이 지시하거나 규정해주지 않으면 어쩔 줄 모르는 수동적인 사람이 되기 마련이다.

자신에게 주어진 문제는 스스로 판단하고 결정하도록 하고 대신 그 결과에 떳떳하게 책임질 줄 알아야 한다. 학생의 질문에 답하면서 어쩐지 자꾸만 장기하와 얼굴들의 노래「그건 니 생각이고」가 생각났다.

삶은 짜여진 계획표가 아니다. 즐겁고 예측하기 힘든 일들이 더 많다. 그것을 아는 사람은 훨씬 더 유연하고 유쾌하게 살아갈 수 있을 것이다. 실패하고 실수해도 다시 일어서는 회복탄력성을 가지게 될 것이다.

07

어른이 만든 시나리오 바깥으로
아이를 보내보자

어른이 설계한 대로만 체험하는 아이

아이는 경험을 통해 몸과 마음이 성장하며, 회복하고, 자기 자신에 대한 자신감과 사회에 대한 신뢰를 키운다. 자기 앞에 놓인 문제들을 스스로 헤쳐나갈 수 있는 힘을 가지는 것이다. 경험은 아이의 마음을 단단하게 만들고, 당당한 태도를 가지도록 만든다.

세상과 인간의 삶에 대한 호기심으로 가득 찬 사람은 어디서나 질문을 하는 탐구자로 살 수 있다. 또 자신이 살고 있는 세상에 대한 애정과 책임감을 가지면 타인과 자연이 말하는 아픔에 공감할 수 있다. 그들과 긍정적인 관계를 맺어나가기 위해 스스로 생각하고 행동하게 한다.

부모세대보다 훨씬 더 좋은 환경에서 사는 아이는 더 많은 경험을 할까? 우리 사회를 보면 아이들에게 더 많은 체험은 제공되고 있지만, 아이 스스로 만들어가는 경험의 기회는 줄고 있다. 체험이라는 말과 경험이라는 말에는 중첩된 의미가 있지만, 보통 체험은 제공자에 의해 설계되고 단편적인 것을 지칭한다. 반면에 경험은 체험보다는 종합적이고, 자발성과 주도성을 지니고 만들어가는 것을 말한다.

체험행사에 많이 가본 아이는 쉽게 이렇게 말한다.

"저 그거 해봤어요!"

자신감이 담긴 말이기도 하지만 거절이 속뜻에 담겨 있다.

"더 이상 궁금하지 않아요. 저한테 안내하지 않아도 돼요."

어른이 설계하고 제공하는 데까지만 체험한 아이는 그 너머 있을지 모르는 경험의 세계에는 호기심을 가지지 않는다.

어떤 면에서 경험은 양육자가 돌보지 않을 때 더 많이 만들어진다. 어린아이가 놀이터에서 부모의 도움을 받으며 조심조심 계단으로 올라가 미끄럼틀을 타고 내려오는 놀이를 하다가, 어른이 잠시

한눈판 사이에 혼자서 미끄럼틀에 올라가 뿌듯해하는 얼굴을 본 일이 있는가?

경험의 유용성을 인지하지 못한 부모는 쓸데없는 경험이 아이를 흔들어놓는다고 말한다. 아이가 초등학교를 벗어나서 중학생, 고등학생이 되면 크게 흔들리지 않고 입시준비에 몰두해야만 원하는 학교에 진학할 수 있다고 생각하기에 아이가 성장할수록 더욱 그렇다.

경험의 유용성을 인지한 부모조차 자녀 양육에서 실수를 범하기도 한다. 아이에게 지나치게 많은 체험과 큰 경험을 제공하려고 하는 것이다. 값비싼 해외여행 프로그램에 보내고, 부모가 중요하다고 생각하는 각종 행사에 봉사자로 참여하게 하고, 발표자로 서게 하는데 그 과정에서 아이의 선택은 대체로 존중받지 못한다. 지나치게 일찍 아이 혼자서 훌쩍 떠나는 유학을 보내기도 한다. 부모가 안내한 각종 체험과 경험, 동아리, 위원회 활동은 자기소개서를 채우고 스펙이 된다고 믿는다.

큰 체험을 제공한 부모는 아이에게 큰 기대를 걸게 마련이지만, 아이가 부모의 기대에 부응하는 결과를 늘상 가지고 오기는 힘들다. 큰 기대와 큰 비용이 든 만큼 큰 성과가 없을 때 느끼는 부모의 큰 실망은 아이에게 전해지고 아이는 그 과정에서 주눅이 들고 자신감을 잃을 수 있다. 아이가 잘되었으면 하는 바람에 시작한 일이 되레 나쁜 결과로 이어지는 것이다. 아이와 부모가 감정적으로 틀어질 수도 있다.

잠시 멈추고 다시 생각해보자. 요즘 아이의 경험은 어떠해야 할까? 아이에게 필요한 경험은 무엇일까? 어른이 경험이라고 쉽게 말하는 것들은 대부분 체험에 가깝다.

"나는 하고 싶은 게 없어요."
"나는 잘하는 게 아무것도 없어요."

이렇게 말하는 아이가 더 많다. 이 아이에게 필요한 경험은 자신의 개성을 찾아가게 하는 작고 구체적인 경험이다. 아이는 작은 경험을 통해 자신을 알고 자신감이 싹튼다.

함께 프로젝트를 달성하며 얻는 우정과 성취감

•

방과 후에 아이들은 청소년센터로 삼삼오오 모여든다. 혼자서 오는 아이들은 거의 없고, 친구들과 함께 어울려 달려온다. 같은 초등학교를 졸업했지만 각각 다른 중학교에 입학한 아이들이 동네 청소년센터에서 벌어지는 각종 행사나 활동에 참여하고 싶어 하는 이유 중 하나는 친구관계를 이어가고 싶기 때문이다. 학급이 바뀌고 학교를 졸업하면 새로 만나는 친구가 생기지만 오랫동안 인연을 이어온 친구들과는 아쉽게 헤어져야 한다. 친구들과 헤어지기 싫은 아이는 비록 한 학교나 한 학급 안에서 어울리지는 못하지만 우정을 나눈 친구와 계속 함께하고 어울리고 싶어 한다.

우리는 친한 친구들이 서로 어울려 프로젝트를 달성하게 하고 동아리활동을 할 수 있도록 돕는다. 친한 친구라도 구체적인 일을 함께해본 적은 없다. 아이들은 머리를 맞대고 프로젝트를 고심하거나 무엇을 매개로 함께할지 스스로 정한다. 우정과 추억을 쌓는 데 도움이 될 뿐 아니라 협력하는 방법을 배운다. 기존 친구들과의 관계를 친밀하고 끈끈하게 유지하는 건 새로운 관계를 만드는 데도 안정감을 준다.

반면에 새로운 친구관계를 맺고 싶어서 오는 아이도 있다. 교실 속에서 동급생들과의 관계에서는 주고받을 수 있는 것들이 한정된다. 하지만 연령대가 다른 형, 누나, 언니, 오빠들과 함께하면서 자연스레 타인과 어울리는 것에 대해 배울 수 있다. 외동으로 자라는 아이는 자신보다 어린 동생들을 만나며 돕는 법과 배려를 배운다.

여러 동아리가 함께 준비한 축제, 발표회 등을 진행하면서 사회적 관계가 점점 확장되고, 일종의 성취감을 맛보고, 그 속에서 함께 만들어가고 있는 자신을 발견하게 된다.

놀이캠프를 기획하고 친구들을 이끄는 형준이

전학을 온 형준이는 새로운 친구관계가 고민이었다. 엄마의 소개로 놀이워크숍에 참여했고 놀이동아리 회원에 가입했다. 낯선 공간에서 활동을 하는 것이 처음에는 조심스럽기도 했지만 함께 참여한 동생들이 자신을 잘 따르자 자신감을 얻었고 회장이 되어 동아리를 이끌게 되었다. 같은 반 친구들에게도 동아리활동을 소개했고 점점 회원이 늘어났다. 새로운 지역에서 겪는 낯섦을 동아리활동을 하며 극복했다. 고등학생이 되어서도 친구들과 동아리활동을 계속 이어갔다. 여름방학이면 놀이캠프를 직접 기획해서 아이들을 초대했다. 형준이는 대학생이 되었다. 고등학생 때 함께 활동에 참여했던 친구들과도 우정을 이어가고 있다. 형준이와 친구들은 성인이 되어서는 다른 동생들의 동아리활동을 도우려 청소년센터를 찾아온다.

평가받지 않는 자유로움,
자유를 통해 책임을 배운다

•

아이는 스스로 주도하는 활동으로 자유로움을 느낄 수 있다. 우리는 아이들에게 일정 기간 동안 쓸 수 있는 예산을 배정하고 스스로 예산을 관리하며, 활용하도록 돕는다. 원한다면 작은 공연, 연극, 놀이 활동, 만들기, 댄스 연습, 만화책, 영화 보기, 사회참여활동 등 무엇이든 시도할 수 있다. 또 활동의 잘함과 못함을 누구도 함부로 평가하지 않는다. 스스로 선택해서 쉬고, 놀고, 음악과 미술과 목공 등을 배우고, 문화활동을 기획하며 창작하는 재미를 느낄 수 있고, 다른 사람을 웃기고 웃는 시간들을 통해서 함께하는 즐거움을 알게 된다. 어른이 짜준 일정대로 움직여야 하는 도시생활과 학교의 삶과는 전혀 다른 것이다. 자신의 시간을 어떻게 활용해야 하는지, 어떤 결과로 이어질 수 있는지 배운다. 유연함과 유머감각이 생기고, 삶을 즐기는 법을 익히게 된다.

또래 친구들과 밴드를 하는 주연이

초등학교 6학년 주연이는 친구들과 동아리를 만들어 청소년센터의 밴드실을 사용하기도 하고, 다른 공간을 빌려서 친구들과 이야기하고, 춤을 연습하고, 생일파티도 한다. 친구들과 함께 있으면 재미있고, 웃음이 난다. 가끔은 다투기도 하고, 속상한 일도 생긴다. 말썽을 부리는 친구들 때문에 선생님께 꾸중을 들을 때도 있다. 하지만 이곳에서는 평가받지 않는다. 학교에서도 학원에서도 점수로 평가받는 데 익숙한 주연이는 이곳에서만큼은 자유롭게 관심을 가지고 참여한다. 올해는 노인, 장애인 등 여러 사람들과 함께 걷고, 플로깅하고, 청소년축제에도 참여했다. 주연이가 활동을 계속하는 이유는 재미있기 때문이다.

마음 뿌리를 튼튼하게,
소속감과 안정감

•

아이는 해방되고, 자유를 만끽하고도 싶지만 소속되고 싶어 한다. 자유롭고 싶어서 답답한 학교를 벗어난 이후에도 어딘가에 연결되고 싶어 하는 것이 사람이다. 스스로의 선택으로 참여하는 활동은 아이에게 소속감을 만들어 준다.

소속감으로 불안을 치유한 유진이

따돌림 경험으로 불안증상을 겪던 유진이는 학교를 그만두었다. 학교는 떠났지만 마음 둘 곳이 필요했다. 우리는 학교를 그만둔 아이들을 위한 커뮤니티를 운영하는데, 그곳에서 유진이는 인턴 활동을 했다. 어린 동생들이 버려지는 잡동사니로 만들기를 하는 공간을 관리하는 게 유진이의 역할이었다. 유진이는 동생들에게 공간 및 도구 사용법 등을 안내했다. 털실, 종이 박스, 스티로폼 등 특별 재료를 선택해서 아이들이 자유롭게 창작활동을 할 수 있도록 도왔다.

이 과정에서 유진이는 학교에서는 어려웠지만, 사회 속에서는 다른 사람들과 함께 아주 잘 지낼 수 있다는 것을 알았다. 불안이 점점 해소되고 안정감과 소속감이 생겨났다. 유진이는 성인이 된 후 사회복지 전공을 선택해서 대학에 갔다. 공부를 하는 와중에 '학교 밖 청소년은 문제가 있는 사람이다.'라는 편견을 없애고자 특강을 하며 자신과 같은 고민을 하는 사람들을 돕는다.

1년간 프로젝트를 이끌며 배우는
끈기와 성취감

·

우리는 아이가 스스로 선택한 것에는 책임을 지도록 한다. 우리는 아이들끼리 함께 프로젝트를 달성하는 자치활동단을 운영하는데, 이 자치활동단에 참여하는 아이들은 적어도 1년간 꾸준히 활동을 하도록 한다. 스스로 선택했고, 즐거워서 하는 일이지만 매번 재미있지 않고 어려움도 겪게 된다. 선생님이 평가하지 않지만 함께하는 또래의 기대도 있고 평가도 있을 수 있다. 자연스레 잘하고 싶은 마음, 해내고 싶은 마음이 생겨난다. 혼자서 한 새해 결심이야 작심 3일로 끝난다고 해서 뭐라고 할 사람은 없지만, 단체 활동은 여럿이 함께하는 사회적인 일이기에 아이들은 함부로 포기하지 않는다. 용기 있게 도전한 활동을 통해서 성취를 이룬다면 한 사회의 구성원으로서 구체적인 역할을 할 수 있다는 것을 알게 된다.

고등학생 언니들을 이끈 중3 대표 나연이

중학교 3학년인 나연이는 청소년자치활동단 '그린나래'의 대표가 되었다. 그린나래는 우리가 설립하던 때부터 지금까지 13년간 지속되고 있는 전통 있는 자치활동단이다. 회원 중에는 고등학생 언니들도 있어 나연이는 자신이 중책을 맡게 된 것이 부담스러웠다.

그린나래는 올해도 많은 일들을 해냈다. 그린나래가 해낸 일 중 가장 큰 2가지는 청소년축제와 청소년포럼이다. 동네 많은 주민들이 모인 축제 자리에서, 축제를 준비한 청소년을 대표해서 나연이는 인사말을 해야 했다. 인사말을 적고, 고치고, 연습하기를 반복했지만 너무 많은 사람들 앞에 선다는 것은 부담스러웠다. 인사말을 마치고 나왔지만 충분히 잘하지 못한 것만 같았다. 아쉬움이 크게 남았다. 나연이는 무대 뒤로 와서는 눈물을 왈칵 쏟았다. 여러 사람들 앞에 서기 위해서 용기와 준비가 필요하다는 것을 배웠다.

청소년축제가 끝나고 얼마 뒤에 청소년포럼이 열렸다. 나연이는 자신의 생각과 경험을 앞에서 이야기할 5명의 청소년 발표자를 섭외했고, '친구가 왜 필요해'라는 큰 질문과 토론거리가 될 만한 작은 질문들을 적절하게 구성했다. 나연이는 그린나래의 대표로서 사회를 봐야 했다. 축제 때의 작은 실패 경험은 사회를 보는 것에 대한 두려움으로 이어졌다.

하지만 나연이는 용기를 내서 도전했다. 친구 여경이와 함께 공동사회를 보며 부담을 조금 덜고 힘을 낼 수 있었다. 사회 멘트는 미리 준비했고 여러 번 연습했다. 적재적소에 사용할 간단한 이벤트도 준비했다. 포럼의 전체적인 진행은 원활했다. 발표자 5명의 발표도 매우 흥미로웠다. 발표가 끝나자 참여자들의 질문이 이어졌고, 테이블별로 간단한 토론이 진행되었다. 포럼을 마치고 나서 사람들의 만족이 느껴졌다. 성공적이었다. 나연이는 내년에도 이 활동을 계속해서 이어나가고 싶어졌다.

갈등을 관리하는 법을 체득하다

●

우리는 아이들이 활동함에 있어 암묵적으로든 명시적으로든 사회적인 규칙을 바탕으로 진행하도록 한다. 활동을 했던 선배들이 정한 문화와 규칙일 수도 있고 담당 선생님이 제시하는 것도 있지만, 함께 모여서 모임 시간을 정하고, 활동 목표를 세우고, 세부적인 활동 계획 등을 논의하고 협의한다.

그러나 함께 논의하여 규칙을 만들고서도 잘 지키지 않는 사람이 나타난다. 시간 약속을 매번 어기거나, 함께하기로 한 일인데 책임을 다하지 않고서 유익만 챙기려 하는 친구를 만나기도 한다. 이럴 때 자신이 맡은 역할과 책임을 다할 수 있도록 촉구하고, 갈등을 관리하는 노력도 필요하다.

효율성을 중요시하는 부모는 이러한 과정에서 아이가 느끼는 불편감과 고민을 빠르게 해결해주고 싶어서 우리에게 전화해 대신 항의한다. 하지만 생각과 입장이 다른 다양한 사람들과 합의하는 과정은 그 자체로 민주적인 감각을 기르는 경험이 된다. 또한 청소년센터에서 진행하는 마을잔치를 함께 준비하다 보면 다른 동아리 활동을 하는 팀과도 만나고 장애인, 노인, 청년 등 여러 어른들과도 함께 회의하거나 활동을 펼치게 되는데 이질적인 사람들과의 만남과 대화는 그 자체만으로도 낯섦을 극복하게 해주고, 다양성을 이해하는 데 도움이 된다.

갈등을 해결하며 함께하는 즐거움을 배운 영주

고등학교 1학년 영주는 친구 3명과 함께 자전거도로 이용의 불편함을 조사하고, 구청에 제안하는 사회참여 동아리를 꾸렸다. 그런데 동아리 회원들이 학원 때문에 자주 활동에 빠지고, 모임 시간 약속을 어겨서 마음에 걸렸다. 또 영주가 제안한 활동이기는 하지만 함께하는 친구들이 처음에는 신나서 적극적으로 활동하다가 시간이 갈수록 열심히 하지 않고, 형식적으로 하는 것 같아 원망스러웠다. 친구들과 함께한다는 재미도 있지만 차라리 혼자 하는 게 낫겠다고 생각했다.

이런 속마음을 부모님 앞에서 푸념했더니 엄마는 화를 냈다. 어렵게 활동에 참여하고 있는 아이를 관리하지 않는다며 청소년센터에 전화해서 따져야겠다고 했다. 영주는 어렵게 부모님을 말리고, 센터 선생님에게 요즘 겪는 활동의 어려움을 이야기했다. 선생님은 곧 활동 중간 점검이 있으니 동아리 회원들이 함께 모여서 지금까지 과정을 돌아보고 대책을 논의하자고 했다. 중간 점검 과정에서 열심히 하고 싶다는 친구들의 마음을 다시 확인했다. 또 친구들이 처한 상황도 이해할 수 있었다.

여름방학에는 그동안 준비했던 것들을 바탕으로 설문지를 만들고, 지역 조사 안내판을 들고서 자전거도로에 나갔다. 영주는 아무 것도 하지 않았는데도 자전거도로에 있는 사람들이 모두 쳐다보는 것만 같아서 얼어붙었다. 여러 사람에게 설문지를 받아 오는 것은 실패한 것만 같았다. 그런데 그동안 열심히 하지 않는다고 생각했던 지연이가 안내판을 들고서 적극적으로 홍보하고 설문지를 척척 받아왔다. 영주는 함께하는 친구가 있어서 든든하고 친구들에게 고마운 마음이 들었다.

낙관하는 마음을 가르칠 수 있을까?

∙

사회는 점점 비관적이 되어가는 것 같다. 그러한 사회 분위기는 아이들에게도 전해진다. 미래에 대한 불안과 두려움이 아이들 마음에 내려앉아 있다. 점점 혼자되기를 원하고, 무관심함과 무기력증에 시달리는 아이도 늘고 있다.

아이에게 어떻게 긍정심과 낙관하는 마음을 자연스럽게 전할 수 있을까? 우리는 구체적인 일상 속으로 들어가는 일에서 해답을 찾는다. 우리는 아이들이 주체적으로 프로젝트를 이끌도록 운영한다. 세상을 바꾸는 구체적인 일을 상상하고 동네와 일상 속에서 실천하도록 한다. 아이들이 스스로 논의하여 활동 주제를 선정하도록 한다. 그 과정에서 세상을 좀 더 자세히 살펴보면서 자신들이 해결하고 싶은 문제는 무엇이고, 근본적 원인은 어디에 있는지 탐구한다. 그 문제를 해결하기 위해서 노력하고 있는 사람들과도 만나게 된다. 스스로 선택한 활동을 하고, 그 결과를 다른 사람들에게 퍼트리는 과정에서 아이는 "나도 할 수 있구나." 하는 자신감을 얻는다.

우리 센터에는 한 해 35개 내외의 동아리가 활동한다. 지금까지 아이들이 만들고 해체된 프로젝트와 동아리를 합하면 500개도 넘을 것이다. 우리는 여러 동아리가 함께하는 활동도 운영하는데, 자신이 속한 동아리만 하는 일이 아니라 여러 동아리가 참여하는 집단적 활동 경험을 통해 아이는 더 큰 우리를 발견한다. "우리가 세상에 긍정적인 영향력을 미칠 수 있다."는 생각이 더 크게 번진다.

아이는 어른보다 새롭고, 순수하고, 양심적이다. 그러나 한 명 한 명은 혼자는 힘이 부족하다고 느낀다. 여럿이 함께하며 조금 더 좋은 세상으로 변화시킬 수 있는 힘을 느끼게 되면 조금 더 낙관적인 태도를 기를 수 있다.

타인을 도우며 스스로를 도운 아름이

아름이는 고등학교 2학년이다. 고등학생이 되고서 지난 1년간 아주 바쁘게 지냈지만 숨통이 트일 수 있었던 것은 주말에 동아리 활동을 친구들과 해왔기 때문이다. 아름이는 중학교 1학년 때 활동을 시작해서 지금까지 이어왔다. 하지만 고등학교 2학년이 되면서 고민이 생겼다. 입시를 코앞에 두었는데 이 활동을 계속하는 게 좋은 선택인지 걱정이 되었다. 그러나 그동안 함께 활동해온 친구들과 이야기를 나누면서 올해도 지속하기로 결정했다.

아름이와 친구들은 활동 주제를 '청소년의 자존감'으로 정했다. 대화하던 중 모두 자존감이 낮아져 있다는 것을 발견한 것이다. '입시로 스트레스를 받고 있는 청소년들이 어떻게 자존감을 높일 수 있는지'를 해결 과제로 삼았다. 하지만 왜 자존감이 낮아지는지 근본적 이유를 알 수 없었고, 어떻게 높일 수 있는지도 몰랐기에 자존감에 대해 공부했다. 친구들과 자존감을 높이기 위한 노력으로 감정기록을 시작했다. 타인의 기준과 평가에 흔들리지 않도록 연습하고 기록하는 다이어리를 제작해서 사용한 다음, 다른 친구들에게 다이어리를 공유했다. 자신들의 자존감을 회복하는 것은 물론 다른 친구들의 삶에도 긍정적인 영향을 미칠 수 있다는 소중한 경험을 했다.

08

"왜 우리 아이는
꿰다놓은 보릿자루가 될까요?"

**"자발적인 아이로 키우는
특별한 방법이 있나요?"**

·

다른 지역에 사는 양육자들이 나를 찾아와 자주 묻는 질문이 있다.

"여기 아이들은 스스로 참 많은 일을 하는 듯해요. 아이에게 자
발성을 가지게 하는 특별한 지도 방법이 있나요? 어떻게 하면
아이가 자발성을 가지도록 할 수 있을까요?"

그러나 우리에게 사람을 자발적으로 만드는 특별한 비법 같은 것은 없다. 다만 아이의 시도와 실패가 허용되는 안전한 공간을 만들기 위해 노력한다. 그리고 아이 스스로 활동할 수 있도록 거드는 역할을 주로 한다.

아이가 주도하도록 하려면 아이가 가진 문제와 결핍에 집중하기보다 아이가 지닌 힘과 가능성과 자산을 우선시해야 한다. 양육자는 아이가 스스로 긍정적 변화를 창조해가도록 거드는 일을 해야 한다.

사람은 누구나 스스로 서고, 독립하려는 마음이 있다. 의존하고 싶은 마음이 있기도 하지만 자기 스스로 문제를 해결하고 싶어 한다. 세상의 커다란 문제도 나와 연결된 문제로 마음 깊이 인식하게 되면 해결하고 싶어진다. 문제가 내 마음에 와닿아 느껴진다면 해법을 궁리하고 마땅한 시도를 하게 된다.

하지만 어떤 시도를 한다는 것은 여러 가지 위험 부담을 안는 것이기도 하다. 따라서 용기가 필요하다. 용기가 없을 때는 큰 도전이 아니라 작은 도전이 필요하다. 혼자보다는 함께 해야 부담이 적다. 또 실패해도 비난받지 않는 분위기는 안전하다는 느낌을 준다. 믿을 만한 어른이 도움을 줄 수 있다면 좋다. 거기에 앞선 사례가 있다면 조금 더 쉽게 따라 해볼 수 있다.

아이들이 주도하는 공간과 문화가 있어야 한다. 양육자와 지도자의 역할은 안전한 판을 벌리고, 아이를 초대하고, 연결해서, 자발적인 실천을 돕는 데 있다. 지도자는 아이가 자발적으로 시도를 한 것을 축하하고, 마지막에는 아이가 스스로 만든 작은 변화와 결과를 더 많은 사람들과 공유할 수 있도록 도와야 한다. 자신의 성취를 말과 글로 해석하여 정리하고, 친구들에게 자신들의 생각과 활동을 퍼트리며, 서로를 물들여가도록 돕는 것이다.

아이는 사랑하는 만큼 움직인다

．

유홍준 전 문화재청장이 쓴 책 『나의 문화유산답사기』에는 '사랑하면 알게 되고 알게 되면 보이나니, 그때 보이는 것은 전과 같지 않으리라.'라는 유명한 말이 있다. 조선 정조 때 유한준이라는 유명한 문장가가 남긴 말이라고 한다. 이 글은 '아는 만큼 보인다.'라는 말로 축약해 많이 소개되는데, 나는 이 글에서 '사랑'을 생각해본다.

아이는 사랑하는 만큼 움직인다. 사랑하면 더 알고 싶어진다. 알게 되면 행동하고 싶어진다. 사랑하지 않는 일과 사람, 공간과 공동체를 위해서 자발적으로 활동을 하는 아이를 찾기란 쉽지 않다.

학교를 사랑하는 아이는 누가 시키지 않아도, 학교 공간과 친구와 선생님들을 위해 자발적으로 행동한다. 그래서 아이들이 한 공간에 애정을 가지도록 북돋아야 한다. 자신이 아끼는 사람과 공간이 생기면 함께 움직인다. 자발적 헌신은 즐겁다.

함께하면 사랑하는 마음이 더 커진다. 그렇기에 '우리'라는 소속감은 아이 마음에 단단한 뿌리와 울타리가 된다. 자발적으로 행동하는 아이가 많다는 것은 그 공간과 사람을 사랑하는 아이가 많다는 것과도 같은 말이다. 불평불만을 넘어서 사랑할 이유를 찾는다면 아이는 부족하고, 문제가 많고, 힘들어도 도망가지 않고, 적극적으로 함께 해결하려 노력한다.

꿔다놓은 보릿자루가 되는 아이

전국에서 어린이의회, 어린이정책참여단, 청소년참여위원회 등 다양한 활동이 생기고 크고 작은 발표대회와 토론회가 있다. 좋은 지도자를 만나면 회의진행법, 의사소통 훈련, 문제를 찾는 방법, 자기주장하는 법 등 많은 역량을 기를 수 있다.

만약 이러한 활동에 참여한 아이가 자주 꿔다놓은 보릿자루가 된 것 같다면, 아이의 생활공간을 넘어선 지나치게 큰 규모와 영역에 대해서 다루고 있지는 않은지 살펴봐야 한다. 몇몇 당찬 아이는 대단한 도시 정책을 제안하기도 하지만 아이 대부분은 대도시의 복잡성을 쉽게 이해하지 못하고, 자신이 살고 있는 주변마저도 감정 이입하지 못할 수 있다.

또한 어른이 만들어준 형식적인 시나리오대로 하도록 하고 있지는 않은지 살펴봐야 한다. 어른들이 시킨 역할을 수행하는 아이는 큰 감흥 없이 기계적으로 일을 수행하고, 실수하지 않기 위해 애쓰다 쉽게 주눅 들고 만다.

아이가 자신이 생활하고 있는 삶의 근방, 살고 있는 주변, 곧 자기가 사는 터전에서부터 작은 변화를 만드는 데 먼저 집중해야 한다. 그리고 나면 더 넓은 세상을 향해 자신의 생각을 확장할 수 있다. 아이는 자신의 생활과 가까운 사안에 대해서 더 당당하게 이야기할 수 있고, 구체적인 변화를 상상할 수도 있다.

가령 어린이의회, 청소년참여위원회 등은 아이에게 민주주의가 무엇인지에 대하여 가르치기 위한 일이다. 지식을 알려주기 위함에 더해 직접적인 경험을 통해서 삶의 감각을 알려주기 위한 노력이라고도 할 수 있다. 회의에 참석하면서 아이는 민주주의에 대한 형식적 절차와 지식을 배울 수 있다. 또 '민주주의란 무엇인가'에 대하여 잘 정리된 글과 특강으로도 배울 수 있다.

회의 참여로 아이가 배워야 할 것은 지식이라기보다는 자신 삶과 관련된 것을 의논하고, 결정하는 구체적인 경험과 감각이다. '민주주의는 어른의 것이고, 매우 따분하고, 불편하고, 형식적인 것이구나.'라는 부정적 이해로 남지 않도록 어린이의회나 참여위원회를 이끄는 어른들이 주의할 필요가 있다.

아이가 적극적으로 자신의 의견을 내고, 자기주도적으로 참여할 수 있도록 돕기 위해서는 자신의 지역을 사랑하며 시민으로서 참여하고 있는 사람과 만날 수 있는 기회를 제공하는 게 좋다. 이런 만남은 아이가 자신의 지역을 사랑하고 민주주의란 무엇인가를 더 생생하게 이해하도록 도와준다. 아이가 자신의 고장을 사랑하게 되면, 더 나은 변화를 위해서 스스로 탐구하고, 책임감을 지닌 시민으로 행동하는 것은 자연스러운 일이 된다.

반만 구조화하자
: 양육자 마음 편한 방향을 버리자

●

아이와 함께 변화를 만드는 활동을 시작할 때 어른이 하는 잦은 실수가 있다. 프로그램을 시작부터 끝까지 완벽하게 구조화하려는 노력이다. 자발성을 강조한 프랑스의 교육자 프레네Celestin Freinet가 지적한 것처럼 아이는 다람쥐 쳇바퀴 도는 것 같은 배움을 좋아하지 않는다.

우리는 반만 구조화하는 방식을 연구해야 한다. 나머지는 아이와 함께 만들어가야 한다. 아이를 주체로 세우기 위해서는 함께 공감하며 대화를 나누고, 목표를 확인하는 데 많은 시간을 투자해야 한다. 개념화의 과정이다. 지도자와 아이가 함께 세운 목적과 목표가 단단하면 그 이후의 활동은 어떻게든 일어나게 될 테니 말이다.

이러한 미완결, 반 구조화된 상태는 많은 우발성을 담고 있다. 예측 불가능한 우발적 상황을 지도자적 성향의 양육자는 참지 못한다. 아이가 정해진 방식대로 따르기를 바란다. 그러나 우발성은 살아있는 에너지다. 아이는 기계적 체계로 움직이지 않는다. 생동감으로 살아 숨 쉬는 아이에게는 늘 빈틈이 있고, 이 빈틈을 채우는 유연함이 아이에게는 있다. 그 힘을 믿어주어야 한다.

아이를 구조화한 프로그램으로 반듯하게 키울 수 있다. 산업화 성장 시대에 적합한 방안이었다. 이제 시대가 변했다. 다양성의 시대에 접어들었다. 아이 저마다 개성과 창의성을 지니고 불확실성에 맞서는 생명력이 필요한 시대다. 아이가 자기 주변에서 작은 변화를 만드는 활동을 통해서 스스로 배우고, 성장하게 하자.

하루는 내 아내가 비뚤어진 오이를 사왔다. 마트에 가면 매끈하게 잘 키운 오이를 싼 가격에 파는데, 아내는 굳이 유기농으로 잘 키워서 그렇다며 비뚤어진 오이를 더 비싼 가격에 사온 것이다. 옳은 비유일지 모르나, 나는 비뚤어진 오이를 보며 울퉁불퉁 생명력 넘치는 아이들을 떠올린다.

정답대신 다양한 레퍼런스를 보여주자

·

사람은 이유가 생기면 움직인다. 그래서 아이가 시작하려는 프로젝트나 활동에 스스로 이유와 목표를 설정할 수 있도록 거드는 일은 중요하다. 만약 아이가 여럿 모였다면 지도자는 아이가 해보고 싶은 활동을 의논해서 합의하고, 정리된 말과 글로 개념화할 수 있도록 해야 한다.

그러나 대부분의 아이는 입을 다물고 있을 것이다. 아이는 구체적인 목표나 변화를 상상하며 모이지 않는다. '친구가 해보자고 해서', '그냥, 재미있을 것 같아서' 참가한다. 그렇다면 양육자는 질문해야 한다. 어떤 변화를 원하는지, 아이에게 어떤 경험과 자산이 있는지를 물어야 한다. 무작정 아이에게 물어도 아이는 쉽게 답하지 못할 가능성이 크다. 아이는 경험이 부족하다.

따라서 양육자는 아이에게 다양한 세상과 조직, 사람들이 하는 일과 생각을 보여줄 수 있어야 한다. 아이에게 필요한 것은 참조 사례다. 다양한 레퍼런스가 제공되면 쉽게 따라 할 수도 있고, 변주해서 자신만의 실천을 모색할 수도 있다. 자신의 의사를 표현하는 데 서툴고 여럿이 함께 결정하는 방식에 익숙하지 않은 아이는 기다려주어야 한다.

질문하고, 보여주고, 기다리기는 곧 아이의 생각과 상상을 끌어내고 삶의 작은 실천으로 옮겨가도록 돕는 '개념의 명료화 과정'이 된다.

레퍼런스를 보여주는 방식은 다양할 수 있다. 책과 인터넷 검색, 유튜브 영상으로도 보여줄 수 있다. 그러나 더 좋은 방식은 직접 찾아가고, 만나보고, 이야기를 들어보는 것이다.

가령, 환경오염 문제를 해결하는 데 무엇을 할 수 있을까 궁리하는 아이라면 환경운동을 실천하는 선배 대학생을 만나는 것도 좋은 방법이다. 수도권에 사는 아이라면 서울시에서 운영하는 서울새활용플라자에 가서 활동가들과 만남을 통해 아이디어를 얻을 수도 있다. 가까운 아름다운 가게, 되살림가게에 찾아갈 수도 있다. 포장지를 없앤 상품을 판매하는 제로웨이스트 상점에 가보는 방법도 있고, 둘러보면 동네에서 쓰레기를 줍는 활동을 재미있게 펼치는 사람도 있다. 환경센터나 과학관, 에너지 제로하우스 등을 방문해 보는 것도 좋다.

Q. "아무리 이야기해도 우리 집 아이는 참여하려 하지 않는데 어떻게 해야 하죠?"

부모 중에는 자녀를 이런저런 대외활동과 봉사활동, 프로젝트에 참여시키려 적극적으로 설득하는 경우가 있다. 하지만 부모가 아무리 좋다고 말해도 아이는 방과 후와 주말에 소중한 자유 시간을 낯선 공간에서 낯선 사람들과 보내려고 하지 않는다. 사춘기일수록 더욱 그렇다.

이런 모습은 아이가 소극적이기 때문만은 아니다. 매우 정상적인 반응이다. "한번 해보지?"라고 말을 건넸을 때 관심을 보이지 않는 자녀에게 더 강권할수록 결과는 참담해진다. 부모의 기대를 저버릴 수 없어서 겨우 설명회에 참석했다고 하더라도 마음을 열지 않는다. 억지로 관심을 끄는 데 성공해서 보내어도 줄곧 시큰둥하다면 급기야 분위기는 '누가 더 열심히 하지 않는지'를 경쟁하는 방향으로 흐른다.

따라서 억지로 강권할 필요 없다. 마지못해 참여한 아이는 자기주도의 즐거움을 못 느끼고 '이 시간에 게임을 하면 얼마나 즐거울까?' 하고 생각한다.

그렇다면 어떻게 해야 할까? 또래의 영향력을 활용하는 것이 최고다. 동네 친구, 언니, 누나, 형, 오빠가 퍼트리는 게 최고다. 어른의 백 마디는 잔소리로 들을지언정 또래가 전하는 한마디와 행동에는 유연한 영향력이 있다.

아이들이 주체적으로 행동하는 활동이 동네와 학교의 문화가 되면 내 자녀도 자연스레 물들어간다. 또래가 활발히 참여하면 그들을 보고 자라는 내 자녀도 마음이 동한다. 내 자녀가 그들을 만날 기회도 늘어난다. 따라서 내 자녀가 자기주도적인 활동을 하게 하려면 다른 집 아이들도 도와 분위기를 형성해야 한다.

내 자녀가 모임에서 주도적인 역할을 하기를 바라는 것이 보통의 부모 마음이다. 그러나 지식과 경험을 습득할 학창시절에 리더 역할을 하지 않는 아이를 보고 갑자기 20년 후, 30년 후를 상상할 필요 없다. '이래 가지고 복잡한 세상에 잘 살아갈 수 있을까?' 생각하며 하기 싫다는 아이를 억지로 등 떠밀어 주도하도록 만드는 부모도 있다. 본인이 원하지 않는데 등 떠밀려 앞에 나선 아이가 주도적으로 모임을 이끌까? 오히려 아이의 자존감에 흠을 내고 주눅을 들게 할 뿐이다.

꼭 학창시절에 주도적으로 활동을 하지 않더라도 괜찮다. 자신의 인생을 주도할 때가 꼭 온다. 각자의 역할에서 깨닫고 배우는 것이 분명히 있다. 그 과정을 존중하자.

그리고 할 수만 있다면 내 아이와 함께 살아갈 친구들을 자기

주도적이며 이타적인 존재로 만드는 일로 초대하자. 내 아이와 동시대를 살고 있는 아이들이 세상의 변화를 위해 노력을 하고 있다는 것은 매우 고마운 일이다.

사람은 완벽하지 않다. 강점이 있으면 약점도 있다. 내가 가진 약점을 스스로 보완하기 어렵다면 누군가 나서 도와주면 좋다. 그것이 팀워크다. 내 아이는 다른 이들과 세상을 함께 살아갈 것이다. 꼭 내 아이가 아니라도 이타적이면서 리더십을 가진 개인이 공동체에 속속 등장하고 있다는 것은 반가운 소식이다. 내 아이의 개인적 역량이 부족한 부분을 동시대를 살아가는 다른 아이가 도울 수 있고, 마찬가지로 다른 아이의 부족한 부분을 내 아이가 채워 도울 수 있다.

아이에게 어떻게 긍정심과 낙관하는 마음을

자연스럽게 전할 수 있을까요?

구체적인 일상 속으로 들어가는 일에 해답이 있습니다.

스스로 선택한 활동을 하고, 그 결과를 다른 사람들에게

퍼트리는 과정에서 아이는

"나도 할 수 있구나." 하는 자신감을 얻습니다.

4장

양육자가 5% 달라질 때
놀라운 일이 일어난다

01

아이가 숨통 트는
공간이 있나요?

아이를 환대하는 공간이 필요하다

「리틀 포레스트」는 임순례 감독이 연출한 김태리(극중 혜원) 주연의 영화다. 이 영화에서 혜원의 엄마는 혜원이 수능시험을 치룬 날 집을 나가고 사라진다. 시간이 흘러 혜원도 고향을 떠나 도시에서 생활을 하다가 팍팍한 도시생활에 지쳐 고향으로 다시 돌아온다. 혜원은 지난 추억들을 하나둘 떠올려가며 엄마가 해주었던 음식을 만들어 먹고, 고향 친구들과 만나고, 이야기하고, 웃고, 떠들면서 점점 회복한다. 엄마는 혜원 곁을 떠났지만, 언제든 돌아올 수 있는 고향으로서 작은 숲(리틀 포레스트)을 혜원에게 남겼다. 그곳은 혜원에게 마음의 힘이 된다.

인간은 누구나 마음속 깊은 곳에 어린이가 있다. 안전하고 따뜻한 작은 숲이 필요하다. 성장하며 자신을 온전히 품어주고 안심하고 지낼 수 있는 공간과 그곳에서의 경험은 그래서 중요하다. 어른이 되어서도 그러한 공간에서 지낸 경험과 기억이 튼튼하게 마음속에 뿌리 내려 안정감을 준다. 도시생활에 지쳐 쓰러져도 돌아갈 작은 숲이 있다면 우리는 회복할 수 있다.

영화에서 엄마는 혜원과 함께 토마토를 맛있게 베어 먹고는 토마토 꼭지를 밭 가운데로 던져버린다. 그리고 "저렇게 던져놔도 내년에는 토마토가 열리더라."라고 이야기한다. 부모와 자녀는 영원히 한곳에 머물 수 없다. 부모는 자녀를 품에서 보내주어야 하고 자녀도 부모로부터 마음과 몸의 독립을 해야 한다.

그러나 부모는 아이 앞날이 걱정되어 그러기가 쉽지 않다. 머리로는 알아도 몸으로 실천이 잘되지 않기도 한다. 부모가 자녀에게서 떠나지 못하면 아이는 성인이 된 이후에도 "엄마, 어디로 취업해야 할까요?", "결혼할까요?", "이혼은 할까요, 말까요?" 물으며 자립하지 못한 어린아이를 벗어나지 못할 것이다.

인간은 혼자서는 살 수 없는 돌봄이 필요한 존재다. 하지만 어느 순간 아무도 돌보지 않아도 스스로 열매를 맺는다.

도시에서 살아가는 아이에게는 안심하고 따뜻하게 숨 쉴 수 있는 공간이 필요하다. 빠른 속도 내달리는 자동차와 오토바이, 콘크

리트 빌딩과 아스팔트 바닥, 도시의 소음과 꺼지지 않는 불빛 속에서 안전하고 편안하게 있을 공간과 추억이 필요하다.

우리 아이가 숨통 틀 작은 숲이 있나요?

•

나는 노원구가 설립한 청소년시설인 공릉동청소년문화정보센터 운영자로 선발되어 문을 열면서 이곳을 아이들의 '애착의 기지'로 만들고 싶었다. 아이들은 자라면서 양육자와 애착의 관계를 잘 형성해야 한다. 하지만 아이는 부모와의 애착 관계 속에서만 안주하고 머물러 있으면 안 된다. 아이는 성장하면서 더 많은 사람, 다양한 공간과 관계 맺으며 자신의 세계를 만들어가야 한다.

이때 자신의 추억 속에 따뜻하게 기억되는 애착의 공간이 있다면 삶은 풍성해진다. 우리 기관을 이용하며 자란 아이들은 다른 곳에 이사 간 후에도 한 번씩 찾아온다. 군대를 제대하고, 취업을 하고, 유학을 가서도 그리운 곳을 마음의 양분으로 품고 살아간다.

어느 날, 이민을 갔던 아이가 잠시 한국에 들러서 일부러 우리를 찾아왔다.

"선생님, 제가 이곳을 얼마나 그리워했는지 아세요? 많이 바뀌었지만 어릴 적 추억이 그대로 생각나요."

자신의 일부가 되는 작은 숲이 아이에게 필요하다.

도시에서 아이를 키우는 많은 부모가 불안해한다. 각종 사고와 좋지 않은 뉴스는 곳곳에서 들리고 아이를 위협하는 손길이 도사리고 있다. 어릴 때부터 휴대전화를 쥐어주며 늘상 소통할 수 있도록 준비한다. 수년 전만 해도 초등학교 저학년 아이 혼자서 학교에 가고 집에 오고 놀이터에 놀러 갔지만 요즘의 아이들은 그렇지 않다. 부모와 조부모가 등하교를 시키고 놀이터에도 함께 간다. 조금 더 큰 아이들은 혼자서 다니지만 전화를 한두 통이라도 받지 않고 메시지에 답이 없으면 부모는 걱정이 앞서고 전전긍긍해진다.

우리 공간인 청소년센터에서 아이는 안심하고 많은 사람을 만날 수 있고 다양한 경험을 할 수 있다. 스마트폰이 없는 초등학교 저학년 어린아이들은 놀다가 콜렉트콜 전화로 엄마에게 조금 더 놀다 가겠다고 전한다. 그러면 부모는 안심한다. 이곳에서 아이는 부모와 조부모 이외에 아이를 환대하는 다른 어른을 만날 수 있고, 또래와 머리를 맞대고 프로젝트를 만들어 진행할 수 있고, 마음놓고 놀 수 있고, 하교 후에 빈 시간 동안 머물며 지낼 수도 있다. 아이가 살아가다 어려움이 생겨나면 이겨낼 힘을 주는 애착의 기지다.

「리틀 포레스트」 속 혜원처럼 엄마가 갑자기 사라져버려도 돌아갈 작은 숲이 있다면 숨을 쉬며 힘을 내어 살아갈 수 있다.

경제적 부담 없이
언제든 갈 수 있는 마음 편한 장소

•

일본에서는 언제든 갈 수 있는 마음 편한 장소를 '이바쇼'라고 한다. 이바쇼는 우리말로는 '안식처'라고 쉽게 번역되고 있는데 그렇게 간단한 의미는 아니다. 사전적 의미로는 '있어야 할 곳', '장소' 등으로 해석할 수 있다. 일본에서는 아이들이 만나고, 관계 맺으며, 이웃 그리고 친구들과 함께 만들어가는 공간인 이바쇼를 만들어가는 사회적 움직임이 있다. 1980년대 일본 청소년들의 등교 거부가 심해지고, 학교 중퇴자, 고립된 무중력 청소년 등이 증가하면서 아이들이 편하게 머물면서 다시 사회와 학교에 복귀할 수 있도록 힘을 실어주는 장소를 뜻하는 말로 사용되었다. 최근에는 이바쇼라는 개념을 청소년 영역에만 한정해서 사용하지 않고 고립된 노인과 여성 노동자, 노숙인, 실업 청년, 소외된 사람들이 힘을 얻을 수 있는 장소를 지칭하는 등 그 의미가 점점 확대되고 있다고 한다.

일본 릿쿄대학교 커뮤니티복지학연구과 박사 과정에 있는 박동민 씨는 다음과 같은 내용으로 이바쇼를 소개했다. 어린이와 청년을 위한 이바쇼에는 13가지 구성 요소가 있다고 소개한다.

① 어린이·청년이 안심하고 편히 쉴 수 있는 곳
② 어린이·청년이 자기 본연의 모습 그대로 있을 수 있으며, 그 모습이 수용되는 곳

③ 어린이·청년이 자신의 기분이나 의견을 표현할 수 있는 곳

④ 어린이·청년이 자기긍정감을 가질 수 있는 곳

⑤ 어린이·청년이 자신의 역할을 느끼며, 자기유용감을 가질 수 있는 곳

⑥ 어린이·청년이 자신의 존재를 인식하고 생의 감각을 느낄 수 있는 곳

⑦ 사람과 사람 간의 관계성이 펼쳐지는 곳

⑧ 자기 자신을 알아가는 배움이 있는 곳

⑨ 연령에 따른 단절 없이 언제든 다시 돌아갈 수 있는 곳

⑩ 어린이·청년이 주체인 곳

⑪ 언제든지 자유롭게 혼자서 갈 수 있는 곳

⑫ 시간을 보내는 방법을 스스로 선택할 수 있는 곳

⑬ 어린이·청년의 편이 되어주는 어른이 있는 곳

어린이를 위한 이바쇼를 만들 때 중요시해야 할 3가지가 있다.

"있고 싶다."
"가고 싶다."
"해보고 싶다."

아이들이 그 공간에서 이 3가지 느낌을 받을 수 있어야 한다는 것이다. '있고 싶다.'는 변화를 강요하지 않는 곳, 평가하지 않는 곳,

내 편이 되어주며 신뢰할 수 있는 사람이 있는 곳으로써 어린이들이 있고 싶다고 느낄 수 있는 장소를 의미하며, '가고 싶다.'는 어린이들이 경제적 부담 없이 언제든 마음 편히 가고 싶다고 느낄 수 있는 장소를 의미한다. '해보고 싶다.'는 자신이 좋아하는 것을 할 수 있는 곳, 자신의 의견을 자유롭게 말할 수 있는 곳, 새로운 배움이 있는 곳, 미래를 생각할 기회가 있는 곳을 말한다.

기다리지만 말고,
직접 만나고 직접 만들어가자

1990년대 공부방은 아이들의 자유와 이웃의 정이 넘치는 따뜻한 공간이었다. 학교를 마치면 아이들이 공부방으로 삼삼오오 모여들었다. 함께 공부를 하고, 밥을 먹고, 부모가 없는 시간에는 아이들을 맡아주는 공간이 되기도 했다. 다양한 연령과 성별이 만나고, 어울려 놀며, 배우고, 서로 돌보는 공간이 되었다. 2000년대에는 전국적으로 작은도서관이 생겼다. 동네마다 작은 공간을 주민들이 힘을 모아 꾸리고, 아이들을 살갑게 맞이하며, 책 읽는 문화를 만들어갔다. 북스타트 운동은 작은 도서관을 중심으로 지역의 주민들이 아이의 탄생을 축하하고, 함께 돌보는 사회적 양육자가 되는 문화 운동으로 이어졌다.

오늘날 공부방은 지역아동센터라는 제도 속으로 들어가며 체계화되었다. 아이들을 돌보던 교회의 역할은 복지관과 청소년센터로 넘어갔고, 시민들이 주인이던 작은 도서관은 전문 사서와 최첨단 시스템을 갖춘 공공도서관으로 변모했다.

도시에는 전문가들이 만든 화려한 공간과 프로그램 일색이다. 처음부터 끝까지 완벽하게 기획된 것처럼 보이지만 경직되어 있다. 전문성과 실적이 강조되다 보니, 아이보다 일하는 사람의 활동이 더 드러나기도 한다. 주체가 되어야 할 아이는 경험하는 존재가 아니라 체험하는 소비자로, 만족시켜야 할 고객으로 대접받는다.

많은 것을 보여주고 싶고, 많은 것을 경험시켜주고 싶은 부모는 도시 속 박물관으로, 과학관으로, 미술관으로, 놀이시설로 아이를 데리고 다닌다. 아이는 그곳에서 시키는 대로 따라 하면 되는 프로그램에 넣어지거나, 완벽하고 화려하게 꾸며진 전시 공간을 구경하는 사람이 된다. 부모는 더 창의적이고 더 넓은 세상을 꿈꾸기를 바라며 주말마다 휴일마다 아이와 이곳저곳으로 나서지만 스스로 탐구할 환경이 마련되어 있지 않은 공간에서 아이는 대상화된다.

아이 속에 힘이 있다고 믿고, 서툴고 부족해도 함께 즐겁게 만들어가는 공간과 프로그램은 찾기가 힘들다. 아이의 의견이 존중되고, 아이가 수행할 역할이 있고, 학교처럼 끈끈하지는 않지만 소속감을 느끼는 곳, 공간을 이용하면서 다른 사람과 연결되고, 편안하다고 느끼고, 자신감과 자긍심을 찾아가는 곳이 각자 사는 동네에 얼마나 준비되어 있는가?

우리나라에도 이러한 공간의 필요에 대한 목소리가 점점 커지고 있고 지역마다 움직임도 나타나고 있다. 딩가동 1번지(서울 중랑구 신내동), 청소년휴카페 망고(경기도 양평 서종면), 해바라기지역아동센터와 별밭(제주시 구좌읍 세화리), 청소년센터 고래(완주 고산면), 청소년자치공간 달그락달그락(군산), 청소년도서관 티티섬(성남), 꽃심도서관(전주) 등 여러 공간이 생기고 있는 것이 매우 반갑다.

청소년활동기본법에는 청소년수련시설 설치를 의무화하고 있지만 그 약속은 오랫동안 잘 지켜지지 않고 있었다. 느리지만 다행히 청소년생활권인 읍면동 안에 설치되는 청소년문화의집 건립은 전국적으로 차츰 증가하고 있는 추세다.

그러나 여전히 턱없이 부족하다. 아이들은 이동하기 어렵고 생활권이 좁다는 것을 고려한다면 훨씬 더 많은 공간이 마련되어야 한다. 거기에 우리나라의 대부분 사례는 국가와 행정이 주도하고 있다. 행정이 주도하면 경직되기 쉽다. 평가와 수시로 있는 행정지도 등으로 개성을 잃고 규격화되기도 쉽다. 따라서 일부러 틈을 만들어서 공간운영에 아이들과 양육자들이 함께 나설 수 있도록 해야 한다.

아이가 자유를 느끼지 못하는 공간이 되면 '있고 싶다.', '가고 싶다.', '해보고 싶다.'고 말하며 깃들기가 쉽지 않다. 양육자들이 의견을 모아 만든 청소년휴카페 등 소규모 청소년자치공간들은 자유롭지만 법적 안정성이 매우 취약해서 지방행정 권력이 교체되면 공간이 문을 닫거나, 담당하는 사람들이 쉽게 바뀌어 방향성을 잃기도 한다. 행정이 주도하더라도 아이들이 자유롭게 숨 쉴 수 있는 공간으로 운영자와 양육자, 아이가 함께 만들어가야 한다.

우리 사는 모든 도시와 동네에 아이의 편안한 안식처가 필요하다. 망설이지 말고, 이웃 사람들과 함께 의논하고, 제안하고, 만들어가보자.

02

차가운 도시를
변화시키는 아이

"함께하면 더 크게 변화할 수 있다고요?"

·

우리 기관이 처음 문을 열었을 때, 용기 있는 아이들이 찾아오기 시작했다. 제 발로 찾아온 아이는 먼저 다가와 반갑게 인사하고 따뜻하게 마음을 열어주었다. 나는 "요즘 어떻게 지내니?", "우리 동네에서 좋아하는 곳은 어디니?", "이 공간에서 무슨 일이 일어나면 좋겠니?" 묻고는 했다. 아이들과 대화하면서 꽤 많은 것을 알 수 있었다.

우리가 문을 열기 얼마 전까지 이어졌던 동네 사람들 사이 갈등을 이야기해주기도 했다.

> "동네 사람들이 여러 번 싸웠어요. 경찰 버스랑 경찰들이 많이
> 와 있었어요. 우리 엄마는 나가서 달걀을 던지기도 했고, 우리
> 동네 이야기가 텔레비전 뉴스에도 나왔어요."
> "우리 엄마는 돈 벌면 중계동으로 이사 간다고 해요."

아이들은 납골당 반대투쟁을 중심으로 한 동네 갈등을 기억하고 있었다. 학교와 아파트를 오가는 길목에 납골시설 건립이 추진되면서 일을 진행하려는 사람들과 반대하는 사람들 사이에 오랜 갈등이 이어지고 있었다. 결국 주민반대로 납골시설 설치는 철회되었다. 이 일은 한때 님비현상을 설명하는 사례로 이야기되기도 했지만 인구밀집지역, 특히 어린이가 다수 살고 있는 지역적 특성을 고려하면 주민들의 반대 요구는 귀 기울여 들어야 했다. 이 과정에서 마음에 상처받은 사람들이 많았고, 결국 이사를 가는 사람들도 생겨났다.

우리는 상처받은 이웃들이 서로 경계하며 긴장하고 살고 있다는 느낌을 받았다. 처음 문을 연 우리에게 다양한 프로그램을 서둘러 해달라 요구하는 사람들도 많았지만, 이 동네의 공기를 바꾸는 일이 중요하다고 귀띔해주는 사람도 있었다. 몇 년간 얼어붙은 분위기로 인해 섣불리 활동하다가는 자칫 갈등의 소용돌이 속으로 다시 들어갈 수 있다고 조심스럽게 경고했다.

그러나 얼어붙은 공기를 바꾸는 일도, 많은 프로그램을 하는 것도 우리에게는 쉽지 않은 일이었다. 우선 개관 준비기간이 짧았고, 급하게 모인 젊은 인력들은 실력이 검증되지 않았다. 거기에 청소년지도사, 사서, 사회복지사 등이 서로 합이 맞지 않았다.

다행히 아이들을 위해서라도 깨진 이웃관계를 치유해야 한다고 생각하는 사람들을 만날 수 있었다. 그들 중 다수는 어린아이를 키우는 양육자였다. 나는 이 사람들에게 솔직하게 다가갔다. 지금 우리의 한계는 분명하니, 아이들을 위해서라도 여러분의 힘을 빌려달라고 부탁했다.

아이들이 우리를 본격적으로 찾아오게 된 것은 양육자들과 함께 만든 프로그램 덕분이었다. 재능이 있는 양육자들이 기꺼이 강사가 되어주어서 양초 만들기, 비누 만들기, 바느질하기, 종이접기 등 간단한 프로그램을 손쉽게 개설할 수 있었다. 이웃 엄마들이 준비한 여러 가지 프로그램에 누구나 무료로 참여할 수 있다는 소식은 주변 초등학교에 어느새 퍼져나갔다. 바쁜 엄마가 함께할 수 없어 혼자서는 낯선 청소년센터를 찾아오기에 힘들었던 숫기 없는 초등학생 아이들에게도 이 프로그램은 초대장이 되었고, 문턱을 낮추는 효과가 있었다.

이후 별도의 강사 모집을 통해 프라모델, 드럼, 보컬, 바이올린, 종이접기, 발레, 케이팝 댄스 등 문화교실이 문을 열었다. 중학생 이상의 아이들을 대상으로는 청소년운영위원회, 동아리 모집 소식을 알렸다. 기다렸다는 듯이 신청자들이 모여들었다. 아이들이 눈치 보지 않고 편하게 놀 수 있는 전용 공간에 포켓볼, 노래방 등 콘텐츠가 채워지고, 어린이도서관에 책이 늘어나면서 매일같이 찾아오는 아이들이 생겨났다.

우리를 찾아온 중고생 아이들에게는 공통된 숙제가 있었다. 그것은 학교 밖에서 자원봉사활동을 해야 한다는 것이었다. 우리는 아이들의 숙제를 함께 해결하기로 했다. 운영에 참여하면 봉사시간을 인정해주는 방식이었다. 우리와 연결된 아이들은 다시 친구들을 불러 모았고, 점점 참여하는 아이들과 동아리가 늘어났다.

"아이가 공부에 더 집중할 수 있게 해주세요."

·

새로운 공간에 아이들과 양육자들이 점점 모여들고, 동네를 왁자지껄하게 만들어가자 아이들의 웃는 모습을 보며 행복해하는 동네 사람들이 늘어났다.

하지만 일부 어른들은 이런 모습을 그다지 좋아하지 않았다. 한창 공부해야 할 시기에 혼란스럽게 만든다는 지적도 했다.

"도서관이 들어온다고 해서 좋아했어요. 독서실 같은 공간을 기대했는데 아이들이 공부할 수 있는 공간은 한 개 층뿐이네요. 아이들이 여기서 맨날 놀고 있다고 들었어요. 비디오게임기, 탁구대, 당구장도 있고, 노래방도 있네요. 왜 내가 낸 세금으로 이런 것들이 설치된 거죠? 꼭 있어야 하나요?"

"왜 6층 열람실 좌석이 120석밖에 안 되는 거죠? 이 동네 아이들이 얼마나 많은데. 너무 좁아요. 자리를 맡아두고서 놀고 있는 아이들에게는 벌칙을 주어야 하지 않나요? 우리 애가 앉아서 공부할 자리가 없는데 여기 가방만 둔 자리를 치워서라도 좌석을 만들어주세요."

"시험기간에는 시설 전체를 공부할 수 있는 환경으로 만들어주셔야 해요. 프로그램실도 독서실로 만들어주시고요. 공부 안 하는 아이는 내쫓아주세요. 3층이 노는 공간이라던데 시험기간에는 문을 잠시라도 닫아주셔야 한다고 생각합니다."

"우리 아이가 여기서 무엇을 하는지 잘 모르겠지만, 제발 못 오게 단호하게 말 좀 해주세요. 공부는 하지 않고 동아리 활동하고, 자원봉사 한다고 말하면서 매일 여기서 친구랑 놀고만 있어요. 얼마나 중요한 시기인데. 선생님이 좀 거리를 먼저 두셨으면 해요."

초등학생 자녀를 둔 양육자들과 중고생 자녀를 둔 양육자들이 바라보는 온도에는 차이가 있었다. 비교적 학업 스트레스에서 자유로운 초등학생 자녀에게는 친구들과 자유롭게 노는 시간이 허용

되었지만 중학생과 고등학생이 공부하지 않고 이곳에서 놀고 있다는 일부 양육자들의 비판은 거셀 때도 있었다. 이뿐만 아니었다. 초등학생 자녀를 둔 학부모의 경우에도 아이들이 청소년센터에서 질 나쁜 아이들과 사귀게 될 것을 걱정해서 아이는 못 오게 하고, 엄마가 대신 1층 어린이도서관에서 책만 한가득 빌려 가기도 했다. 가까운 곳에 있는 어느 초등학교 선생님은 5학년 자기 반 아이들에게 우리 기관으로 출입 금지를 선포했다. 아이들의 일기를 살펴보면 온통 우리 기관에서 놀았다는 이야기가 나오는데 아이들이 장난이 심해지고, 점점 버릇없어지는 것은 이곳에 드나들기 때문이라고 생각한 것 같았다.

'학교 밖 아이들은 절대 안 돼요.'라고 외치는 마을 사람들도 있었다. 학교 밖 청소년은 문제라는 인식을 가진 사람들이었다. 비행청소년들이 모여들게 되면 동네가 시끄러워지고, 피해를 입는 아이들이 생겨날 거라는 걱정이었다. 가끔 우리 건물과 가까운 골목에서 담배를 피우고, 술을 마시고, 동생들을 못살게 구는 말썽을 부리는 아이들도 있었는데 어른들은 아이들이 청소년센터 때문에 점점 나빠지고 있다고 생각하고, 전화를 걸어와 항의를 하고는 했다.

드물기는 했지만 일부 어른들은 아이들을 뒤따라 와서는 큰소리로 야단을 쳤다.

"방금 어린이놀이터에서 담배 피우고 여기로 들어간 교복 입은 아이들 세 명 어서 찾아오세요. 지난번에도 경고했어요. 문제아들이 모이면 안 된다고 분명히 내가 말했잖아요! 계속 이런 식으로 운영하면 문 닫게 할 거니까. 못된 녀석들이 여기에 계속 오지 못하게 하세요. 두고 볼 거야."

놀이터에서 담배 피우는 아이들이 청소년센터 때문에 생겨나거나, 청소년센터가 불러 모았다고 이야기하기에는 무리가 있었다. 그러나 아이들을 대신해서 지역주민과 싸울 수는 없었다. 흥분한 어른들과 아이들을 만나게 할 수도 없었다. 일단 우리는 좀 더 신경 쓰겠다고 말하고 돌려보냈다.

어느 학교, 어느 지역에나 쉽게 적응하지 못하고 흔들리는 아이들이 있다. 바로 내 아이가 그럴 수도 있는 일이다. 문제가 된 아이 대부분도 우리 기관 바로 옆에 위치한 학교의 학생들이었다. 우리는 오히려 숨어서 술을 마시고, 담배 피우고, 싸우며 문제를 일으키는 아이들의 이름을 외우고, 불러주면서 친해지려 했다. 가끔 간식과 밥을 주면서 관심을 표현했고, 더 비뚤어나가지 않도록 돕고자 했다.

도시의 풍경을 바꾸는 아이

•

우리는 아이들이 직접 일군 활동으로 세상까지는 아니어도 동네에 긍정적인 변화를 만들어낼 수 있다는 낙관을 가지고 있었다. 그리고 자신이 생각한 활동을 함으로써 아이 한 명 한 명이 성장하리라 믿었다.

아이들과 함께 동네를 걷고, 내가 살고 있는 동네의 자랑거리, 아름다움을 찾고 이야기했다. 자기가 나고 자란 고장이 근사하게 보이는 만큼 자신도 근사해질 거라 생각했다. 작은 문제들이 있다면 함께 찾아보고, 해결해보자고 청했다.

공릉동 경춘선 숲길은 지금은 맛있는 음식을 팔고 카페거리도 생겨 사람들이 많이 찾는 곳이지만, 한때는 열차가 다녔고 철길과 도로가 맞닿는 곳에는 굴다리가 있었다. 어둡고 침침한 굴다리로 사람과 차량이 섞여서 다녀 밤이 되면 걷기 무서웠고, 이 길을 피해 먼 길로 돌아서 다니는 사람들이 많았다.

이 공간의 변화를 궁리하기 시작한 6명의 아이가 있었다. 아이들은 규모가 커서 자신들의 힘만으로는 벽화를 완성하기 어렵다고 생각했다. 또 마을벽화라고 한다면 6명보다는 많은 사람이 참여해야 한다고 생각했다. 설명회를 열고, 사람들을 찾아다녔다.

홍보지를 만들어서 동네 사람들에게 참가 신청을 받기도 했다. 동네에 있는 서울여대와 서울과기대 미대를 찾아가서 대학생들에게 부탁도 했다. 대학생과 주민들을 설득해 100명이 함께 그림을 그려 벽화길을 조성했다.

이후 이 활동에 영감을 받은 아이들은 동네 어두운 곳에 벽화를 추가로 그렸다. 다른 아이들은 경춘선 공원길에 쓰레기통을 설치하고, 지저분한 마을 곳곳을 돌아다니며 폐타이어를 구해 화분을 만들기도 했다. 또 다른 아이들은 사람들이 아무렇게나 뱉어버린 껌

자국 위에도 그림을 그렸다. 어린이 놀이터에 그려진 낙서를 지우고 다닌 아이들도 있다. 자신들이 다니는 학교 내 낡은 체육시설에 페인트칠을 하는 아이들도 나타났다. 우리 동네를 소개하는 영상을 직접 만드는 아이들도 있었다. 아이들은 동네 어른들을 통해 설명을 듣고, 관련 자료를 찾아 읽고, 사진을 모으고, 스토리 보드를 짜고, 구성한 대본을 여러 번 읽고, 직접 녹음해 꽤 멋지고 쓸모 있는 영상 홍보자료를 만들었다. 이렇게 아이들의 힘으로 도시의 풍경이 조금씩 바뀌고 있다.

우리 건물은 2020년에 리모델링을 했다. 당시 나이, 성별, 학교 등을 고려해 40명의 아이를 조직하고 이들은 건물 리모델링에 필요한 아이디어를 건축가와 함께 만들었다. 아이들의 의견과 아이디어는 건축가를 통해서 재해석되고 리모델링 과정에 반영되었다. 아이들이 지금 우리가 사용하는 건물을 디자인한 것이다.

얼음장 같던 사람들 마음이 녹기 시작했다!

·

꽝꽝 얼어버린 얼음은 가장자리부터 녹는다. 우리는 절대 녹을 것 같지 않던 동네 사람들의 얼음장 같던 마음과 반목하는 태도가 아이들의 따뜻한 행동을 중심으로 녹는 것을 직접 경험했다. 아이를 중심으로 연결된 이웃들은 아이들과 서로를 돌보는 사람들이 되었다.

우리 동네에서는 한 달에 한 번 동네 사람들이 모이는 '마을회의'가 열린다. 마을회의에는 개별 양육자들이 만든 작은 모임의 대표자, 시장 상인, 복지관과 어르신복지센터 직원 등 공공조직에서 일하는 사람들까지 함께 모인다.

마을회의를 구심점으로 연결된 사람들은 이 모임에 '꿈마을공동체'라는 이름을 지었고, 누구나 함께할 수 있는 열린 네트워크를 지향해왔다. 자기 자녀가 아니어도 기꺼이 동네 아이들 곁에 서겠다는 양육자들이 등장할 수 있도록 도왔고, 새로운 이웃이 찾아오면 반갑게 맞이했고 함께 손잡았다. 아이들을 돕기 위해 조직된 모임이었지만, 그동안 아이들만 성장한 것은 아니다. 아이들과 어른들 그리고 동네 문화가 함께 성장했다.

새해가 되면 '마을 걷고, 떡국 먹기' 행사로 한 해를 연다. 아이들과 주민들이 함께 어울려 동네를 걷고, 동네 사람들을 찾아다니며 인사를 나눈다. 동네를 한 바퀴 함께 돈 사람들은 떡국을 둘러앉아 나눠먹는다. 3월에는 동네 복지관과 함께 세계다운장애인의 날 행사를 하고, 5월에는 어린이잔치를 연다. 9월에는 청소년축제를 하고, 12월에는 송년회로 한 해를 마감한다.

이러는 사이 중간 중간에 수없이 많은 동네 일이 논의되고 진행된다. 구성원들이 정례적으로 모여서 이야기 나누고 여러 일들을 실행할 수 있는 건 마을교육공동체의 간사로서 우리 기관의 변수진 팀장과 일꾼들이 열린 자세로 역할을 수행하고 있는 덕분이다.

동네 사람들이 주축이 된 꿈마을협동조합은 공공조직인 우리

기관보다는 훨씬 자유롭게 움직이면서 마을에 생기와 활력을 불어넣는다. 이 사람들의 에너지는 학교, 복지관, 생활협동조합, 교회와 절, 행정조직, 시민조직, 학부모조직, 청소년과 청년, 문화예술작가들에게까지 전해지면서 이질적인 동네 사람들이 서로 만날 수 있도록 기회를 만든다.

아이를 가르칠 수 있는 동네 사람들은 합심하여 학교교육에서 요청하는 생태교육, 예술교육, 놀이활동 등을 공동으로 기획한다. 우리 동네에는 동네를 함께 걸으며 곳곳을 소개하는 '마을여행단'이 있다. 이 마을여행단의 활동도 봉사에 머물게 하지 않고 협동조합을 통해 사업화했다. 마을을 견학 오는 사람들에게 일정 비용을 받아서 마을투어를 운영한다. 일자리가 필요한 청년들을 돕는 일, 청소년을 대상으로 이루어지는 시민교육, 진로교육, 장애인과 비장애인이 함께 어울리는 행사, 환경을 보호하는 생태전환활동, 과학관 메이커 대회 진행, 사라질 위기에 처했던 독립서점을 지켜낸 것도 꿈마을협동조합이라는 구심점이 있어서 가능했다.

우리 청소년센터는 문을 연 2011년부터 '든든한 이웃'이라는 자원봉사 조직을 운영하고 있다. 1층에서는 주민들이 기부한 물건을 팔아서 수익금으로 동네 아이들을 돕는 일도 한다. 우리 기관에서 '도서관학교'라는 인문학 강좌를 들은 것을 계기로 동네 주민 이선옥 씨는 현재 동네의 다양한 일들을 하고 있다. 우리 지역의 독서문화운동을 이끄는 자원봉사를 하다가 지금은 마을해설사이자 북카페 자원봉사자로도 활동하고 있다.

"학부모 역할만 할 땐 답답함이 있었어요. 그런데 지금은 생산적인 활동을 하면서 동네 문화를 만드는 데 일조한다는 보람이 있어요."

아이를 중심으로 동네 사람들은 모였다. 뿔뿔이 흩어져 있던 사람들이 다정한 연결로 이어졌다. 아이 엄마 역할에 답답함을 느끼던 학부모에게 새로운 역할이 생겼다. 절대 녹을 것 같지 않던 동네 사람들의 얼음장 같던 마음도 녹았다. 모두 아이를 중심에 두었기에 가능한 일이다.

03

소비자 부모에서
양육자 부모가 되다

아이가 직접 기획하고 만드는
어린이잔치

•

햇살이 따뜻한 5월이면 공릉동 근린공원은 어린이와 청소년 그리고 양육자로 가득 찬다. 어린이잔치가 열리기 때문이다. 어린이 퍼레이드단이 우리 건물에서 출발하며 어린이잔치의 시작을 알린다. 어린이 퍼레이드단은 놀이동아리와 어린이사서 등에 참여하는 아이 중심으로 구성되었다.

아이들은 색동옷을 맞춰 입고서, 동화 속에서나 나올 법한 각양

각색의 인물로 변장해 신나게 웃으며 재미나게 걷는다. 나팔, 캐스터네츠같이 소리 나는 작은 악기를 들고 온 아이도 있다. 경춘선숲길을 따라 구호를 함께 외치며 걸어가면 곧 행사장에 닿는다. 큰 길을 아이들이 안전하게 건널 수 있도록 자원봉사자로 참여한 어른들은 횡단보도 양쪽에서 깃발을 들고 안내한다.

아침 일찍부터 근린공원에는 작은 무대와 텐트 그리고 노란 빛깔의 파라솔이 예쁘게 자리해 있다. 이 무대와 행사장은 이웃들의 성금으로 설치되었다. 무대 설치 이외에도 행사에 사용하는 경비 대부분은 동네 사람들이 정성스럽게 모은 돈이다.

스피커에서 노래 소리가 흘러나오지만 행사장을 뒤덮을 정도로 큰소리가 나지는 않는다. 행사를 안내하는 사람의 마이크 소리보다 오히려 오가며 반가운 인사를 나누는 사람들로 공원은 왁자지껄하다.

한쪽에는 어린이 벼룩장터가 열린다. 좁은 길을 따라서 80여 명의 어린이 장사꾼이 늘어섰다. 공룡인형, 딱지, 스티커, 아끼는 머리핀 외에 직접 만들어서 가져온 것들도 있다. 물건을 판매하고 사는 아이, 구경하는 아이로 좁은 길에 발 딛기도 힘들다. 물건을 팔아서 돈을 번 아이는 일부를 봉투에 넣어서 기부한다. 이 돈은 내년 어린이잔치를 준비하는 데 다시 사용된다.

아이들이 모여 기획하고 운영하는 어린이 체험부스, 놀이터, 음료와 음식을 만드는 판매대가 있고, 자신들의 활동을 홍보하고 퀴즈를 내어 정답을 맞힌 사람에게 선물을 주는 이벤트도 진행한다. 동네 바느질공방, 책방, 협동조합, 수공예작가클럽, 교회, 나무공방,

복지관 등에서도 나왔다. 부스에는 정성 들여 준비한 각종 체험이 있다. 하루 종일 놀거리와 볼거리가 풍성하다. 노인복지관에서는 어린이들에게 무료로 떡볶이를 나누어준다.

그동안 무대 위에서는 쿵딱쿵딱 노래소리가 흘러나온다. 아이들이 준비한 댄스, 노래 자랑 등이 진행된다. 다운복지관의 발달장애인들도 무대 위로 올라온다. 마술공연팀도 초대했다. 중학교 풍물패, 대학교 언니들이 펼치는 응원 퍼포먼스도 멋지다. 그야말로 온동네 사람들이 어우러지는 잔치다.

아이들에게는 사람들을 연결하는 힘이 있다.

아이와 양육자가 함께 만드는
가슴 벅찬 감동

•

이 행사가 여느 행사와 다른 점은 동네 어린이와 청소년, 청년, 부모를 비롯한 다양한 어른들이 자발적으로 참여하여 만드는 어린이잔치라는 점이다. 공릉동에서 활동하는 여러 단체가 함께 힘을 모아 만들어가는 행사라서 시끌벅적하지만 세련되지 못하고 조금 어수선하다. 5월 축제를 위해 우리는 2월부터 여러 차례 기획회의를 하며 준비한다.

어린이잔치를 준비하며 우리는 동네 학부모들에게 도와달라고 부탁했다. 지금은 없어졌지만 녹색어머니회는 아이들의 교통안전을 책임졌다. 우리 센터 주변 4개 초중학교 학부모회에서 아이들이 먹을 음식을 준비했다. 큰 예산지원 없이 회의 몇 차례 하고 나서는 각 학부모회별로 갹출해서 음식을 준비했다. 저렴한 가격에 음식을 판매해달라는 부탁도 했다. 그러고도 혹시 남는 돈이 있으면 내년 어린이잔치를 위해 공용통장에 기부를 요청했다.

학교 일도 하기 힘들다고 푸념하던 학부모도 있었지만 축제 당일이 되면 모두 팔을 걷고 땀을 흘리며 나섰다. 아빠들은 대나무 깃발을 거리에 만들어 꽂고, 뜨거운 햇살이 내려쬐는 관객석에 그늘을 만들어주는 일을 했다. 동네 어른들로 조직된 풍물패는 어린이와 청소년으로 구성된 풍물패와 함께 길놀이를 했다. 주민자치회와 동네 상가에서도 어린이잔치에 후원금을 주었다.

어린이잔치가 끝나면 참여한 사람들이 한 데 모여 평가회를 한다. 잔칫날 있었던 사항을 사진과 영상으로 공유하고, 서로의 애씀에 박수 치고 고마움을 전한다. 행사 당일 너무 힘들어서 며칠간 몸살을 앓았다는 사람들도 어린이잔치에서 기뻐하는 아이들 사진과 소감 인터뷰를 보면서 함께 큰소리 내어 웃었다. 마음 한 편에서는 우리가 함께 만들었다는 뿌듯한 감동이 차올랐다. 어린이잔치를 앞으로도 지켜가고 싶다는 생각이 들었다.

이 감동은 많은 사람들을 소비자에서 함께 만들어가는 양육자의 태도로 전환시켰다. 아이들과 함께하는 문화와 전통이 점점 더 생겨났다.

노인과 아이,
서로에게 힘이 될 수 없을까?

·

어느 연구 결과에 따르면, 아이들은 자기가 알고 있는 노인을 연상할 때는 지혜로운 어른으로 떠올리는 반면에 알지 못하는 노인을 연상할 때는 부정적 이미지로 떠올린다고 한다. 사회 전반에 깔려 있는 노인에 대한 인식이 아이에게도 미치는 것이다. 어르신을 생활에서 자주 접하지 못하는 아이일수록 이런 인식은 더 강하게 남아 있을 확률도 높을 것이다.

여름방학이 되면 우리 동네 노인복지관에서는 아이들을 위한 프로그램이 열린다. 프로그램 이름은 '게임보다 서예'다. 진행자는 노인복지관을 이용하는 동네 어르신이다. 참가한 아이는 어르신의 가르침 아래 차분히 먹을 갈고 붓으로 글씨를 써내려간다. 게임에 빠져 지내는 아이들을 위해 어르신들이 나누는 재능기부다.

어르신들은 어린이잔치날이 되면 아이들에게 나누어줄 떡볶이를 준비해 무료로 나누어주기도 한다. 어르신들이 나누어주는 떡볶이는 아이들에게 인기가 아주 좋아서 잔치날이 되면 길게 줄을 선다.

동네 노인복지관 어르신들은 초등학교 4학년 아이들이 우리 동네 잘 알기 수업으로 노인복지관에 갈 때도, 동네 아이들이 매년 새해마다 동네를 한 바퀴 돌며 떡국 먹기를 할 때도 아이들을 환대로 맞이해준다. 동네에서 이루어지는 아이와 어르신의 자연스러운 만남은 세대 간을 이해하는 좋은 기회가 된다.

"내가 무조건적으로 믿어줄게."
키다리아저씨 사업

•

4월이 되면 우리 동네 작은 교회에서는 특별 헌금을 하고 바자회를 연다. 600만 원이 넘는 돈을 만드는 것이 목표다. 이렇게 모인 돈은 우리 기관으로 송금된다.

우리는 이 돈으로 1년간 8명 혹은 12명까지의 아이들에게 매년 용돈 멘토링을 하고 있다. 멘티는 경제적으로 어렵고, 사회적 관계가 협소하고, 마음의 돌봄이 필요하다 생각되는 아이들 가운데 선정한다. 멘토가 되는 키다리 선생님은 이 아이들에게 낯선 사람들이 아니라 담임 선생님, 교과 담당 선생님, 상담 선생님, 지역아동센터 선생님 등 평소 가까이에 있는 사람들이다.

한 아이에게 지급되는 용돈은 1년에 80만 원이다. 키다리 선생님으로 참여하는 어른이 아이와 상의해서 사용한다. 키다리 선생님과 아이가 협의해서 바람직한 방향으로 사용하면 된다. 따로 영수증을 제출할 필요는 없다.

이 사업에 멘티로 참여한 영훈이는 운동을 해서 비만을 탈출하겠다고 키다리 선생님과 약속했다. 지급받은 용돈으로 운동화를 구입하고 키다리 선생님과 함께 꾸준히 운동을 하는 계획도 세워 지키고 있다.

가정 경제가 어려운 데다가 사춘기로 계속 빗나가는 정철이를 위해 키다리 선생님은 1년간 함께 밥을 먹었다. 맛있는 밥만 먹었을 뿐인데 정철이의 얼굴이 점점 환해졌다. 정철이는 조금씩 학교에 정을 붙이고 학급 규칙도 잘 지키려 노력했다. 지금은 친구들과도 잘 지내며 생활하고 있다.

중학교 2학년 때부터 참여한 지준이의 키다리 선생님은 미술 선생님이다. 키다리 선생님은 지준이의 미술적 재능을 알아보고, 지준이가 미술 교과를 더 잘할 수 있도록 도왔다. 친구들과 잘 어울리지 못하는 지준이에게 가까운 친구와 함께 미술관 투어를 함께 가자고 제안하고 몇 차례나 같이 미술관을 다녀왔다. 미술도구도 선물했다. 멘토 선생님의 지지와 응원을 받은 지준이는 지금 애니메이션을 전공하는 어엿한 대학생이 되었다.

특성화고등학교에 근무하는 키다리 선생님은 몽골에서 이주해온 2명의 아이를 도왔다. 외로운 아이에게 친구관계를 넓혀주는 일을 도왔다. 같은 반 친구들과 함께 주말 산행을 하며 몽골과는 다른 우리나라 곳곳을 소개해주고 우정을 쌓을 기회도 주었다. 점점 아이는 학교에 마음을 붙이기 시작했고, 학업에도 관심을 가지더니 공학계열의 대학에 진학해 대학생활을 하고 있다.

중학교에서 수학을 가르치는 키다리 선생님은 매우 위축되어 있고 기초 공부가 되어 있지 않아서 수학시간을 힘들어하는 아이와 멘토링을 했다. 수준에 맞는 문제집을 사서 풀기도 했지만, 아이와 대화를 많이 나누고, 영화도 보고, 밥도 먹었다. 어떤 마법이 작동했는지 1년 후 아이는 수학을 매우 좋아하고 심지어 잘하게 되었다.

처음에는 학업에 관심이 없고, 학교생활에 문제가 많은 학생이라고만 생각했는데 키다리 멘토링으로 만나며 알아가다 보니 아버지가 아픈데다 경제적으로 어려운 형편 때문에 부모 중 누구도 아이를 잘 돌볼 수 없는 상황이었다는 것을 선생님은 뒤늦게 알아챘다.

"제가 아이에게 부모의 공백을 채워주지는 못해도, 조금 관심을 가지고 도움을 주었더니 지금은 아무 문제없이 잘 지내고 있어요."

키다리 선생님은 아이에게 필요한 건 지식이 아닌 따뜻한 관심이었다는 것을 다시 확인했다.

고등학교를 자퇴한 후 지속되는 우울증으로 자해를 하고, 병원 치료를 하는 제자의 소식을 들은 퇴직 교사도 키다리 선생님으로 참여했다. 중학교 2학년 때 담임과 제자로 만났던 인연을 놓을 수 없었다. 어려운 시기를 이겨내고 있는 아이 곁에서 함께 이야기를 나누고, 같이 밥을 먹고, 산책을 했다. 선생님은 이제 그 아이가 성장통을 이겨내고 희망하는 대학까지 진학했다는 기쁜 소식을 함께 참여한 키다리 선생님들과 나눈다.

키다리아저씨 성금 외에도 동네 아이를 돕기 위한 징검다리성금사업이 진행되고 있다. 어려움에 처한 아이가 있을 때, 작은 돈이라도 급한 불을 끌 수 있도록 빠르게 지원하려고 동네 사람들이 모으고 있는 성금이다.

"사람을 신뢰하게 되었어요. 그게 가장 큰 힘이 됩니다."

키다리아저씨 활동에 참여한 어느 키다리 선생님은 사람을 신뢰할 수 있게 되었다고 말한다. 특히 아이가 사용한 용돈 내역에 대해 일일이 영수증을 제출하지 않아도 되어 아이와 더 좋은 관계를 맺는 데 도움이 되었고, 이웃들이 선생님에게 보내는 믿음을 느낄 수 있었다고 했다.

부모도 친척도 아닌 어른 한 명의 작은 관심으로 인해 아이의 삶이 바뀌었다. 함께 밥만 먹었을 뿐인데 아이의 얼굴이 환해진다. 고립되어 있던 아이가 친구에게 마음을 열었다. 문제아라고 손가락질받던 아이가 학교에 정을 붙이고 학업에도 관심을 가지기 시작했다.

시작은 작은 관심이었다. 작은 관심의 기적을 믿어보자.

04

우리 동네에는
교육력이 있다

자기 삶터를 긍정하는 일

"우리 동네가 참 좋아요."

우리 동네에서는 이렇게 말하는 아이를 만나는 것이 어렵지 않다. 하지만 나는 어릴 적에 그러지 못했다. 내가 사는 동네를 좋아하지 않았다. 요즘도 사람들이 내게 고향이 어디냐고 물어볼 때면 답하기 곤란하다. 태어난 곳은 서울 약수동이고, 유아기는 경기도에서, 청소년기는 부산에서 보냈다. 나는 경기도 안양에서 초등학교 1학년까지 살았다. 초등학교 2학년이 되던 해에 부모님은 갑자기 부산 다대포로 내려가 어부가 되셨다.

어린 나이에 이사를 가서 낯선 공동체에 적응하기 어려웠던 나는 나의 삶터인 다대포를 긍정할 수 없었다. 가난한 동네, 바다냄새와 술냄새, 담배냄새가 가득 베인 아저씨들, 보드랍지 않고 딱딱한 끝이 보이지 않는 모래사장, 낯선 친구와 학교, 아이들의 거친 사투리와 서울내기라는 놀림에서 빠져나오고 싶었다.

짓궂은 아이들은 나를 보면 이렇게 놀려댔다. "서울내기 다마내기, 맛좋은 고래고기 찢어 묵고 뽁까 묵고 제비제비셔이." 어린 나는 이 놀림에 익숙해지지 않았고 부산 다대포를 내가 살아가는 고장으로 여길 수 없었다. 내가 딛고 있는 땅을 긍정할 수 없었던 나는 우리 집도, 아버지와 어머니도, 나 자신도 좋아하지 못했다.

내 속에는 '다대포를 얼른 벗어나서 서울로 가야지.'라는 생각이 늘 꿈틀거리고 있었다. 그래서 다대포로 이사 오는 서울말 쓰는 사람들이 신기하게만 느껴졌다. 청소년이 되면서 떠나고 싶던 다대포에서 이희란 선생님, 박도영 목사님 등 서울말 쓰는 어른들을 만났다. 가끔 그 어른들에게 다대포가 뭐가 좋아서 오게 되었는지를 물었다.

이 친절한 어른들은 내가 살고 있는 동네와 바다 그리고 아이들을 좋아했다. 누구도 제대로 알려주지 않았던 우리 동네 역사를 공부해서 알려주고, 내게 익숙했던 바닷가와 몰운대, 아미산 숲, 동네의 역사적 공간들을 다르게 해석해주었다. 우리 동네에 있지만 내가 한 번도 가보지 못한 곳을 함께 가보기도 했다. 나는 어른들의 안내가 모두 다 잘 이해되지 않았지만, 이 근사한 어른들을 따라서 떠나고 싶던 다대포와 이 동네 사람들을 나도 한번 좋아해보기로 했다.

부산 모라동, 반송동과 서동, 금사동, 그리고 공릉동으로 일터를 옮길 때마다 나는 나의 어린 시절과 닮아 있는 아이들을 만났다.

"우리 동네 어른들은 맨날 술만 마셔요."
"엄마가 돈 벌면 중계동으로 이사 간다고 했어요."
"여기는 희망이 없어요."

어른이 생각하는 지역에 대한 결핍이 아이들에게 이 고장은 '안 좋은 곳'이라는 인식을 남기고 있었다.

나는 아이가 사는 곳은 아이에게 뿌리이자 우주라고 생각한다. 자기 삶터를 긍정하는 일은 자존감을 살리고 자기의 뿌리, 자기의 존재를 긍정하게 만드는 일이다. 이것이 바탕이 되어야 건강한 자아로 설 수 있다. 자기 삶터를 긍정의 눈으로 보게 되면 그 자체로 힘이 생긴다.

어릴 적부터 자신이 태어난 지역, 지금 머무르는 고장과 동네를 사랑하지 못하고 자꾸만 더 높은 곳을 지향하면 현재의 자신은 항상 무엇인가 모자라고 결핍된 사람이 되어버린다. 그 결핍감은 어른이 되어도 마음에 두고두고 남아 쉽사리 사라지지 않는다.

자신이 살고 있는 지역을 사랑하는 일은 생각보다 그렇게 어렵지 않다는 것을 나는 좋은 어른을 통해 배웠다. 어른들에게는 돈 벌면 떠나고 싶은 동네라도 아이들에게는 자신이 누구인지 말해주는 너무도 소중한 고향이다.

"애들아, 우리 동네를 다르게 해석해보자!"

청소년센터가 첫 문을 열고, 조금씩 소속감을 느끼는 아이들이 생겨나기 시작하자 우리는 이 아이들에게 한 가지 제안을 했다. 우리 동네의 새로운 문화를 함께 만들어가 달라는 것이었다.

우리가 사는 동네 공릉동 이름을 다시 해석해보자고 했다. 공릉동을 '빌 공孔', '무덤 릉陵'으로 읽지 말고, 한자 사전에 있는 다른 뜻 '아름다울 공', '언덕 릉'이라고 새롭게 해석해보자고 했다. 공릉동이 '아름다운 언덕'이라는 뜻을 가지고 있다는 것에 아이들은 처음 듣는 이야기라고 피식거리며 반응했지만 만족스러워했다.

"아름다운 언덕 우리 동네에 아름다운 것은 뭐가 있지? 자랑할 만한 것을 서로 말해보자."

쉽게 떠올리지 못하는 아이가 대부분이었지만 불암산, 중랑천 등 하나씩 말문이 트이기 시작하자 아이들은 쏟아내듯 생각을 말했다. "솔밭공원이요.", "제명호수요.", "서울과기대 호수 붕어방이요.", "육군사관학교랑 태릉선수촌도 있어요.", "태릉, 강릉은 유네스코 문화유산이래요.", "지하철역이 있어서 교통이 좋아요.", "경춘선 철도도 있어요.", "대학교가 네 개나 있어요.", "사람이 많아요."라고 말하는 아이도 있었다.

"우리는 우리 동네를 더 아름다운 곳으로 만들기 위해서 무엇을 할 수 있을까?"

다시 질문했다. 우리 지역의 미래를 아이들과 함께 상상해보고, 변화의 시나리오를 써보았다. 각자의 소원을 담은 마을지도를 함께 그리기도 했다. 중랑천의 지류인 묵동천이 지금보다 더 깨끗해지려면, 어린이 놀이터가 좋아지려면, 어둡고 침침한 골목이 달라지려면 어떻게 해야 할지 등 동네 문제를 생각해보고 개선책을 이야기하기도 했다.

갈등 많은 동네라서 쉽게 변화되기 어렵다고 생각하는 아이들도 있었다. 그때는 한꺼번에 큰 변화를 만드는 것도, 혼자서 변화를 만들어내는 것도 어렵지만 여러 사람들이 작은 일부터 함께할 수 있다면 우리 동네의 새로운 문화를 만들 수 있다고 이야기했다. "우리가 함께하면 변화될 수 있다."는 이야기에 아이들은 어렴풋이나마 믿음을 보내고 있었다.

아이들에게 작은 변화가 감지되기 시작했다. 자신이 사는 동네에 아는 사람들이 많아지고, 또 자신의 이름을 기억하고 불러주는 좋은 어른들이 생겼다. 아이들의 발걸음이 당당해졌다.

"안녕하세요!"

인사 소리도 우렁차다. 선생님과 함께 떠나는 시장 투어에서 아이는 이렇게 외친다.

"선생님, 저 이 동네 살아요! 오늘은 저 따라 와보실래요?"

지금 아이가 살고 있는 터전에서 자신의 경험을 키울 수 있도록 힘껏 지지하자. 아이가 자신의 뿌리를 단단히 만들 수 있도록 응원을 보내자. 제 마당이 되는 공간에서 친구, 이웃과 함께하며 어려움을 극복해보고, 유익하고, 재미있는 경험과 추억이 쌓이면 아이들은 힘들고 지칠 때 자신의 뿌리로부터 영양분을 얻어 살아갈 기반을 다진다.

자기가 사는 지역을 사랑해본 아이는 어느 공간, 어느 지역에 가더라도 새로운 뿌리를 내리고 사랑하며 살아갈 수 있다. 따뜻한 공간이 기억 속에 있다는 것만으로 새로운 길을 찾아서 떠나는 사람에게 엄청난 자산이 될 것이다.

양육자들이 서로 인연을 맺으면
일어나는 놀라운 일

●

나는 마을 교육력을 키우는 일을 하고 있다. 교육력이라는 표현은 내가 여러 해 동안 고민해서 사용한 언어다. 교육력은 한 사람 안에 있는 치유력, 면역력 같은 것이다. 하지만 교육력이라는 단어가 일본어 같은 어감이기도 하고, 일반적으로 사람들이 이해할 때는 '학군이 좋다.', '교육 프로그램이 많다.' 정도로 이해될 수 있어서 다시 풀어서 설명해야 했다.

우리 동네에 교육력이 있다는 말은 아이를 키우는 힘이 이 지역에 사는 사람들 사이에 있다는 표현이다. 어느 지역에나 교육력은 존재한다. 하지만 어떤 곳에는 그 힘을 키워가는 사람이 다수이고, 어떤 곳에는 전문가들에 기대는 사람이 다수다. 우리는 공동체의 문화와 분위기, 사람들의 관계와 신뢰를 만들어내는 것에 관심을 가졌다. 그래야 교육력이 자란다.

도시의 양육자들이 서로 인연을 맺으면 다양한 일이 벌어진다. 독서모임을 하고, 육아모임을 하고, 바느질모임을 할 수 있다. 연결된 사람들은 어린이 잔치를 함께 만들 수 있고, 청소년축제를 응원할 수 있다. 가정마다 버려지는 물건을 되살려 사용할 수 있고 아이들을 환대로 맞이하는 카페를 운영할 수 있다. 모두 우리 동네에서 일어나고 있는 일이기도 하다.

우리 도서관에서 활동하는 독서모임은 한 해 24여 개, 학습 모임은 10여 개에 달한다. 어른들의 학습하는 분위기는 아이들에게로 이어진다. 도시의 양육자들이 연결되어 함께 아이를 키우는 문화를 만들고 있는 것이다. 삶으로 가르쳐야 하는 생태, 인권, 민주 시민, 진로, 놀이와 같은 주제에 대하여 동네 사람들이 시간을 들여서 오랜 기간 함께 교육 프로그램으로 기획한다. 시장, 동네 서점, 목공예방, 생협, 작업실 등 동네 곳곳에서 배움이 펼쳐지고 있다. 아이들이 일을 배우겠다고 하면 동네 사람들이 팔을 걷고 도움을 준다. 도서관을 통해서 인연을 맺은 사람들은 독서문화운동을 펼치고 있다.

어른들의 이런 움직임은 어린이와 청소년에게로 이어졌다. 아이들은 매년 동네 사람들과 함께 독서토론을 한다. 집에서 아이가 책을 읽게 하려면 부모가 먼저 책을 읽는 즐거움을 몸소 보여주어야 하는 것처럼 양육자의 움직임이 아이에게까지 이어지며, 동네 분위기가 달라지고 있는 것이다.

05

혼자가 된 양육자가
연결되는 법

진실한 관계는
함께 만드는 것이다

•

최근 이어진 초등학교 젊은 교사의 안타까운 죽음으로 인해 우리 사회는 교육에 대해서 다시 생각하게 되었다. 학부모와 교사, 아동복지법과 학생인권조례 등을 향한 여러 관점이 있을 수 있다.

이유가 무엇이든 현재 우리 학교와 교육은 많이 아프다. 아픔을 공유하는 교사들의 연대와 그들을 향한 위로는 중요하다. 하지만 이 과정에서 학교의 울타리가 더 높아지고, 교사와 학부모가 대척

점에서 서로를 미워하고, 공격하는 관계가 되지 않길 바란다.

모든 학부모를 잠재적 가해자로 인식하고 경계하며 거리를 두려는 학교와 교사가 있다면 그 태도는 옳지 않다. 모든 학교의 교사가 그르지 않은 것처럼 모든 학부모 또한 몬스터 학부모는 아니다. 만일 모든 학부모를 고객 응대 매뉴얼로 상대해버린다면, 학부모들은 더욱 개별화되고 흩어질 것이다. 교사와 학부모가 서로의 권리를 다툼하며, 힘겨루기를 할 때 그 피해는 고스란히 아이들에게 간다. 아이들이 자신들의 삶에서 제일 가까운 사람들로부터 큰 상처를 받게 되는 안타까운 상황이 반복되어서는 안 될 것이다.

언제든 교사와 학부모는 갈등관계에 놓일 수 있다. 서로 입장의 차이가 있으니 가급적 만나지 않은 것이 좋다고 이야기하는 사람들도 있다. 현대 경영학을 창시한 학자로 평가받는 미국의 경영학자 피터 드러커는 이렇게 말했다.

> 움직이는 두 물체가 서로 부딪히면 마찰이 생기는 것은 자연법칙이다. 따라서 두 사람이 만나면 늘 갈등이 일어나게 마련이다. 그러므로 서로 좋아하든 싫어하든, 예의는 서로 부딪히게 되어 있는 두 인간이 함께 일하도록 해주는 윤활유와 같다. '죄송합니다, 고맙습니다.'라고 인사하기, 상대방의 생일이나 이름 기억하기, 가족에 대한 안부 전하기 등 작고 간단한 일이 모두 예의다.[5]

서로 부딪힐 수밖에 없는 학부모와 교사는 서로 예의를 갖출 수 있어야 한다.

돈을 내면 잘 가르치는 선생님은 얼마든지 쉽게 얻을 수 있어도 참된 스승을 찾기는 어렵다. 양육자가 교사를 이해하고 존중하는 문화가 있을 때 아이도 참된 스승을 만날 수가 있을 것이다. 진실한 관계는 함께 만들어가는 것이다.

도시 어른들이 쉽게 허물을 트는 곳
어린이집, 유치원, 학교

•

바쁘게 살아가는 도시 사람들은 서로 인사하지 않고 쉽게 관계 맺으려 하지 않는다. 하지만 아이를 매개로 만난 도시 사람들은 다르다. 자녀가 다니는 어린이집, 유치원, 학교를 통해서 만난 사람들은 서로 이름을 묻고, 연락처를 교환하고, 안부를 묻고, 웃으며 교류한다.

나는 내 아이가 초등학교 2학년일 때 학교에서 했던 학부모캠프를 잊지 못한다. 학교는 장소를 열어주고서, 양육자들과 아이들에게 프로그램을 채우라고 했다. 이 캠프를 준비하기 위해 양육자들은 몇 차례나 한자리에 모였다. 엄마들은 간식과 포크댄스를 준비했다. 아빠들은 바베큐와 놀이, 담력훈련, 캠프파이어 등 역할을 나누었다. 늦은 밤까지 함께 보내고 엄마들은 돌아갔고 불침번이 된 아빠들만 남았다. 담임 선생님은 아빠들에게 이야기했다.

> "아빠들이 친하면 아이들도 친하게 잘 지내요. 아이들을 함께
> 키워주세요."

이때 만난 아빠들은 아이들이 중학교에 들어가서도 서로 연락하고, 서로의 안부를 묻고, 함께 여행을 가기도 한다. 학교를 통해서로 이름도 몰랐던 아빠들이 친해졌다.

학교는 다양한 사람들이 연결되는 장이다. 사람과 사람이 연결되면 에너지가 생긴다. 그 에너지는 긍정적인 에너지이기도 하고부정적인 에너지일 때도 있다. 그런데 학교는 지나치게 부정적인면만 부각할 때가 있다.

한번은 새로운 교장선생님이 부임하여 인사를 나누는 자리에초대된 적이 있었다. 교장선생님은 임기 중에 한 가지 꼭 달성하고싶은 것이 있다고 말씀하셨다. 나는 기대하는 마음으로 귀를 기울였다. 그것은 공식적 학부모회 이외에 이 학교에 있는 여러 학부모조직을 모두 해체하는 것이라고 했다. 아마도 학교 교육에 있어서교사의 책임을 강화하고, 바쁜 학부모에게 의존하지 않겠다는 의지의 표현이었다고 생각한다.

일하는 학부모가 많은데 학부모 모임에 참석 못하면 눈치 보게될 수도 있으니 해체를 선택한 걸 수도 있다. 또 사람이 모이면 주도권싸움도 생기고, 크고 작은 정치적 이해관계와 갈등이 생겨나니

학부모들 간의 잡음을 사전 차단하겠다는 의도도 읽혔다. 같은 자리에 있던 대다수의 학부모들은 교장선생님의 뜻을 지지하는 것처럼 느껴졌다.

그후 교장선생님의 뜻은 그대로 관철되었다. 때마침 사회적 거리두기도 한창이었기에 학교의 학부모 조직은 하나둘 없어졌다. 마지막으로 활동하던 녹색어머니회도 어르신 일자리 사업으로 대체되면서 그 명맥은 끊어지고 말았다.

학부모 조직을 해체하는 일이 나는 매우 안타깝게 생각되었다. 마을 어린이잔치의 음식을 함께 준비하고, 교통안전 봉사를 하고, 벼룩장터를 공동 기획하고, 읽기 부진 학생들을 돕기 위한 도서관 프로그램을 함께 궁리할 수 있는 좋은 파트너들이 사라진다는 느낌 때문이었다.

같은 학교와 어린이집, 유치원에 다니는 자녀를 둔 양육자들은 쉽게 허물을 트고 이웃이 된다. 같은 입장에 있을 때 느끼는 일종의 동지의식이 있다. 우리 아이와 같은 반 아이가 겪고 있는 어떤 어려움을 알게 된다면 아무런 관계없는 사람의 일로 생각되지 않는다. 함께 힘을 모아서 해결하고 돕고 싶어진다. 사회적 연대감이 싹틀 수 있는 것이다. 사람과 사람의 만남을 통해 생겨나는 에너지를 교육활동에 잘 활용해본다면 어떨까?

그래도 학교, 그래도 선생님

•

학교 교육에 미래가 보이지 않는다고 말하는 사람들도 있지만, 나는 학교와 선생님에게 희망을 걸고 있다. 코로나 팬데믹 당시 아이가 집에만 있을 때 아이의 안부를 묻고, 신호를 보내며, 이른 아침 아이를 깨워준 사람은 학교 선생님이었다. 둘째 아이의 담임 선생님은 코로나 바이러스가 한창일 때 마스크를 쓴 채로 아이 얼굴이라도 보기 위해서 집 앞까지 출력물을 들고 오셨다. 잠시 코로나 바이러스가 잠잠해졌을 때는 등교한 친구들과 자전거를 타고 팔당역에서 신원역까지 이어지는 자전거도로를 마음껏 달리는 행사를 만들기도 했다. 이렇게 선생님과 신뢰를 쌓은 아이는 중학교에 가서도 밴드부를 하고, 친구들과 배드민턴과 탁구를 치다가 저녁 늦게 돌아와서는 학교에서 있었던 소소하고 재미난 이야기를 들려준다.

둘째 아이가 6학년일 때 일이다. 코로나 바이러스가 한창이던 때였다. 마스크를 쓰고서 등교한 아이들과 교실 속 작은 공동체 경제를 배우는 시간이 마련되었다. 각자 미리 정해둔 역할을 수행하면 학급 화폐를 받을 수 있었다. 자신이 얻은 화폐로는 선생님이 미리 구입해둔 학용품과 과자 등을 교실 슈퍼마켓에서 살 수 있다고 했다.

> 아이 : 아, 학교가고 싶다. 학교에 가면 쉬고 싶고, 학교를 안 가면 가고 싶네.

아빠 : 학교생활이 재미있구나?

아이 : 응, 재미있어. 담임 선생님이랑 쉬는 시간에 이야기도 많이 하고. 우리랑 이야기하는 걸 선생님도 재미있어 하시는 것 같아.

아빠 : 학교에서 역할게임 같은 거 한다고 했잖아. 너는 뭐하고 있어?

아이 : 아침에 온도계로 친구들 체온검사 하는 역할이야. 돈도 벌어. 학급화폐로 300원을 받아.

아빠 : 학급화폐로 과자도 사 먹을 수 있어?

아이 : 학급 안에 슈퍼마켓에서 사 먹을 수 있어.

아빠 : 슈퍼마켓은 누가 운영하는데?

아이 : 수빈이가 담당이야.

교실 안에서 자신의 역할을 찾은 아이는 사회적 거리두기 속에서도 친구관계가 더 끈끈해졌다. 아이에게 어른의 공동체를 보여주는 것과 더불어, 그들이 스스로 공동체를 만들고 그 안에서 자신의 역할을 찾을 수 있도록 하는 일은 중요하다. 학교는 공동체를 경험하고 사회를 배울 수 있는 가장 안전한 공간이다.

한때 절망감과 우울감에 빠져 있던 첫째 아이는 학교에서 내준 수행평가 과제를 하며 데이터를 정확히 수집하고 파악하는 방법을 배우고, 생각하고 판단하는 지성을 키웠다. 세상에 넘쳐나는 정보를 그냥 받아들이기보다는 자신의 것으로 편집해서 재구성하고, 이해할 수 있는 능력이 조금씩 자라나고 있다. 학교생활을 힘들어할 때 학교를 그만두는 것도 고려해볼 수 있다고 이야기했지만 아이는 자신의 성격으로 볼 때 학교를 다니지 않으면 정말 혼자서만 생활할 수 있기에 힘들어도 학교에 가야겠다는 말을 했다. 이 말을 듣고서 아이가 안정을 찾아가는 것 같아 아내와 나는 안도할 수 있었다.

막내 아이는 코로나 바이러스가 한창일 때 어린이집을 졸업하고, 초등학교에 들어갔다. 어린이집과 학교에서 여러 친구들이 생겼다. 같은 학교에 다니는 언니, 오빠, 동생들과 즐거운 학교생활을 하고 있다. 셋째 아이 덕분에 나는 다시 초등학생 학부모가 되었다. 세 아이 덕분에 나는 새로운 학부모들과 만나고 연결되며 친밀한 이웃이 되고 있다.

부모에게
공동체적 경험을 제시할 수 있는 최고의 기관

학교는 동네의 중심이다. 지역의 대부분 사람들이 재학생과 졸업생으로 연결되기도 한다. 또 매년 새로운 구성원들이 이어서 등장한다. 거기다 학생들의 양육자들이 학교를 구심점으로 연결되어 있다.

이렇게 소속감을 가진 새로운 사람들이 지속적으로 등장하는 사회적 조직은 거의 없다. 학교는 아이들이 의무적으로 다녀야 하는 교육기관이면서 많은 사람들에게 추억을 남기고, 친구들과 우정을 쌓을 수 있고, 따뜻한 사제의 정을 느낄 수 있는 공간이다. 학교는 사랑과 우정, 희망의 공동체다. 그래서 학교는 경쟁이 만연한 삭막한 도시의 질서와는 전혀 다른 서로 돕는 호혜의 문화가 자리 잡아야 한다.

다양한 사람과 연결된 학교는 학생뿐만 아니라 학부모와도 여러 활동을 할 수 있다. 학교는 학부모가 직장과 가정에 매몰되지 않고, 더 넓은 사회와 연결될 수 있도록 긍정적 경험을 제시하기에 매우 좋은 위치에 있다. 학부모회가 장애인시설에 부족한 일손을 도울 수 있다. 환경보호 활동을 학부모들에게 안내할 수 있다. 또한 학교는 지역 사회의 다양한 구성원들에게 아이들을 돕는 사회적 행동을 촉구할 수 있다. 학교 운동회, 벼룩장터, 다양한 체험 활동 등을 동네 사람들과 함께 구상하고 진행할 수 있다. 학교 도서관에서 책읽어주는 학부모 동아리를 만들 수 있고, 어린이 놀이 문화를 확산하는 학부모 놀이 동아리도 만들 수 있다.

한두 명의 대표 학부모에게 헌신을 요청하는 일은 서로 부담이 되지만, 여러 사람이 함께하는 동아리를 만든다면 부담은 줄고 후배 학부모로 이어지면서 그 문화를 계속 이어나갈 수 있다.

요즘 학교마다 학부모 대상으로 놀이교육을 한다. 놀이의 중요성이 알려지자, 부모들은 아이를 데리고 놀이를 대신해주는 전문가와 학원 같은 전문기관을 찾아다니기도 한다. 디지털 애플리케이션으로 아이들과 놀아주는 사람을 연결하는 서비스가 생겨나기도 했다.

놀이 전문가를 모셔 와서 놀이교육을 여러 번 제공하는 것보다 더 바람직한 것은, 아이들의 놀이를 소중하게 생각하는 학부모 놀이 동아리가 학교마다 생겨나도록 돕는 것이다. 우리의 경우 어린이 놀이 문화를 만드는 '가치놀자'라는 양육자 학습 동아리를 조직했고, 그들은 동네에서 놀이 문화 확산을 위해 노력해왔다.

'학교마다 학부모 놀이 동아리를 만드는 일은 불가능한 일이야.' 라고 생각이 든다면, 녹색어머니회 활동을 떠올려보자. 어린이 교통안전을 지키기 위해 전국의 학부모들이 방방곡곡에서 활동했다.

학부모 동아리를 교사들이 촉진하는 방법은 간단하다. 동의하는 소수의 학부모를 찾아서 연결하는 것부터 시작이다. 활동에 필요한 일부 예산을 지원하고 활동할 수 있는 공간을 제공해주어야 한다. 이후 그냥 내버려두지 않고, 학부모 참여 활동의 교육적 의미를 학교 구성원과 다른 학부모들에게도 알려야 한다. 또 참여한 양육자들을 파트너로 인정하고 존경을 표해야 한다. 감사 인사를 잘 나누는 것만으로도 힘을 실어줄 수 있다.

양육자는 학교에 요구해야 한다. 서로 돌보는 학교 문화를 만들어가려는 학부모를 찾아서 연결해달라고 말이다. 학교가 나서서 학부모들의 만남을 주선하고 양육자로서 작은 공동 행동을 부탁한다면 새로운 학교 문화와 양육자 문화를 만들 수 있을 것이다.

우리는 사람으로부터 상처받지만, 결국 사람으로부터 치유된다. 교사에게 학부모는 교육 활동에 관여하는 불편한 존재가 되어서는 안 된다. 학부모를 학생 성장을 지원하는 파트너로 인식할 수 있어야 한다. 더불어 학부모는 자녀의 올바른 양육을 위해서 학교와 교사라는 중요한 파트너와 함께해야 한다. 서로를 믿고 손잡아야 한다.

06

유연하고 조화롭게
관계 맺기

"맘카페보다 다른 양육자를 만나기 좋은 곳"

·

고된 육아와 바쁜 일상에 지친 엄마는 사람이 고프다. 하루 종일 아이와 씨름하다 보면 어른과 대화하고 싶어진다. 같은 입장에 있는 엄마들은 맘카페를 찾는다.

맘카페에 올라온 "○○년생 아이 친구 찾아요.", "7살 엄마 동네 친구해요."라는 글에 반응해보지만 성공적인 만남은 쉽지 않다. 대부분 어떻게 살아왔는지, 어떤 사람인지도 잘 모르는 채로 공통점은 아이를 키운다는 것 하나이니 우정을 쌓기가 어렵다. 가벼운 대화를 할 수 있지만 마음속 고민을 나누고 터놓는 깊은 관계로 발전하기란 더욱 어렵다. 복잡한 이해관계에 휘말리고, 괜한 구설수에 오르내리게 될까 봐 일부러 엄마 모임에 나가지 않는다는 사람들도 있다.

나는 외로운 양육자의 호소를 종종 듣는다.

"책모임, 육아모임은 필요한데 도무지 어떻게 시작해야 하는지 모르겠어요. 어디서 마음 맞는 사람을 만나야 하는지도 모르겠고요."

양육자모임은 자신이 살고 있는 곳 근처에 있어 오가기 편해야 한다. 그리고 그런 모임은 멀지 않은 곳에서 의외로 쉽게 찾을 수 있다. 전국 공공도서관이나 학교, 청소년센터 등에서는 양육자 육아 모임과 독서 모임 등이 열린다. 구성이 알차고 서로 도움을 주고받을 준비가 된 사람들이 만나므로 만족도도 높다. 준비된 강좌나 모임이 없을 경우 모임을 스스로 만들 수도 있다.

이런 곳에서의 만남은 맘카페보다 여러 가지 이점이 있다. 우선 장소 사용에 돈이 들지 않고, 자신을 서서히 개방할 수 있다. 사적인 수다보다 더 알찬 내용으로 채울 수 있다. 특강 듣기, 다큐멘터리 보기, 책 읽기 등 모임에 필요한 콘텐츠 구성에 도움을 받을 수도 있다. 또한 모임에 필요한 목적과 규칙을 정할 수 있어 안전하다. 사적인 관계로 발전이 필요하면 마음에 맞는 사람과 추후에 더 만나면 된다. 갈등이나 문제가 생겼을 때 개입과 조정도 용이하다. 모임과 구성원 각자의 사회적 발전을 계획할 수도 있고, 필요한 경비를 지원받을 기회도 생긴다.

나는 원하는 모임이 없는 경우 공공조직에 일하는 사람들에게 적극적으로 요구하라고 권한다. 공공조직에서 일하는 사람들은 양육자들 중 어떤 사람들이 모임을 원하고, 도움을 주길 바라는지 잘 알지 못한다. 따라서 "양육자모임이 필요해요. 만들어주세요."라고 직접적인 요구는 모임을 시작할 수 있는 중요한 요소다. 그러니 양육자모임이 필요하거나 양육자모임을 준비하고 있다면 너무 걱정하지 말고 먼저 학교, 공공도서관, 청소년센터 등에서 일하는 사람에게 무작정 도움을 요청해보자.

양육자를 환대하는 법

·

양육자모임을 시작할 때 마주하는 첫 번째 어려움은 '모임 홍보를 어떻게 할까?', '어떻게 사람을 모을까?'에 대한 걱정이다. 양육자는 공공조직에 홍보를 도와달라고 말하고 싶지만, 바쁘게 일하는 사람들에게 괜한 부담을 주는 것 같아 조심스럽다.

그러나 그러한 요구를 하는 것은 바람직하므로 요구하는 일에 망설이지 않아도 좋다. 그러니 나는 여기서 공공조직에서 일하는 사람들이 이런 요구를 받았을 때 어떻게 대처하면 좋을지에 대해 이야기해보고 싶다. 그들은 이웃을 연결하는 적극적인 징검다리이자 강력한 윤활유 역할을 할 수 있기 때문이다.

공공조직에서 일하는 사람이 이러한 요구를 받았다면, 적극적으로 반갑다는 표현을 하고 이야기를 들어보는 게 좋다. 양육자의 사회적 연결을 촉진하는 주선자가 될 수 있는 기회라고 생각해야 한다. 포스터를 함께 만들고, 기관에 부착해서 여러 사람이 볼 수 있도록 안내할 수 있다. 누리집이나 온라인 커뮤니티 등 다른 홍보 채널을 활용할 수도 있다. 최고의 홍보는 입소문이다.

따로따로 떨어져 외로운 양육자 개개인은 공공시설에서 일하는 사람들이 안내하는 이야기에 귀를 기울일 것이다. 모임에 관심을 보이는 사람이 있다면 전화번호라도 받아두었다가 제안자에게 알려줄 수 있다. 공공시설에서 일하는 사람들이 열린 자세를 가지면, 이웃이 연결되는 데 큰 도움이 된다.

모임을 시작하는 양육자가 마주하는 두 번째 걱정은 '사람들이 모였을 때 시작은 어떻게 해야 할까?', '모임을 이끌 콘텐츠 구성은 어떻게 해야 할까?'에 대한 부담감이다. 또 이후 모임에서 일어나는 모든 책임을 제안자 한 사람이 져야 한다고 생각하면 '괜히 시작했나?' 하고 겁이 덜컥 날 수 있다.

따라서 공공조직에서 일하는 사람은 모임의 시작 단계를 즐겁고 안정되게 돕는 것이 중요하다. 첫 모임에 참여한 사람들을 환대하고 약간의 진행을 맡아서 도울 수 있다. 모임 취지를 제안자가 설명하게 하고, 참석한 양육자들이 서로 인사 나누게 한다. 모임 날짜와 기간, 활동 내용, 사용 공간을 어디로 할지, 모임의 이름 등을 정하는 일은 중요하게 다뤄져야 한다는 것을 알려주는 것도 좋다. 또 사람들이 모였으니 공동의 규칙과 대표를 선정하는 등 초기 작업이 필요하다.

이 과정이 성공적으로 끝나면 양육자 동아리는 스스로 알아서 움직인다. 모임 초기에는 참여한 사람들이 서로 어색함을 풀고, 친밀감을 나누고, 이야기가 활성화될 수 있도록 다과를 준비하고, 반갑게 맞아주고, 공통의 이야깃거리가 될 수 있는 화제를 던지고, 언제든지 작은 도움을 요청할 수 있다고 말해주면, 담당자가 우리 동아리와 사람들을 특별하게 좋아한다고 느낄 것이다. 공공조직에서 일하는 사람이 모임을 살짝만 도와주면 양육자들의 막연한 불안은 줄어든다.

함께 읽는 '관계 독서'로 시작하자

·

모임 주제를 정하기 어렵다면 함께 책을 읽는 독서모임으로 시작해보면 좋다. 함께 읽는 관계 독서는 다양한 방식으로 가능하다. 독서모임으로 안면을 트고 이야기를 나누다 보면 더 구체적이고 다양한 관심사와 주제로 뻗어나갈 수 있다.

우리는 독서모임으로 '도서관 학교'라는 이름으로 강좌를 구성했다. 강좌를 통해 책을 소개하고 동네 사람들을 초대했다. 마을, 교육, 공동체, 도서관에 대한 주제에 공감하는 사람들이 도서관 일촌이 되었다. 이후 이들은 아이들을 위해 적극적 활동을 하는 지역 양육자모임으로 뻗어나갔다.

매달 발행되는 잡지를 주제로 삼아도 좋다. 매월 모임에서 다룰 주제를 정하는 일은 매우 힘든 일이 될 수 있다. 그러나 좋은 잡지를 한 권 선택하면 고민거리는 크게 줄어든다. 매월 모임에서 나눌 생각거리를 제공받을 수 있기 때문이다. 잡지에 실리는 글은 비교적 짧고, 삶과 연결되어 있어서 누구나 겪어보고 생각해봤을 만한 주제를 다루기 때문에 미리 읽어오지 않아도 된다. 나는 매월 마지막 주에 교육잡지 「민들레」를 함께 읽는 모임을 진행하고 있다. 잡지에서 한두 개의 짧은 글을 선택해서 한 사람씩 돌아가며 소리 내서 읽거나, 한 데 모여 각자 읽은 다음 함께 이야기 나눈다. 책 읽는 시간은 줄이고, 나눌 이야기에 집중해도 된다.

『사피엔스』, 『코스모스』 등 혼자 읽기 어려운 소위 '벽돌 책'을 함께 읽기도 한다. 그림책을 함께 읽는 것도 좋은 방법이다. 여럿이 함께 읽다 보면 다른 사람에게 읽어주고 싶은 그림책이 생긴다. 낭독을 조금만 연습하면 아이들에게 생생하게 들려줄 수도 있다. 학생들이나 할머니들과 짧은 그림책으로 인생 이야기를 풀어갈 수도 있다. 우리는 청소년들이 동네 어린이들에게 책을 읽어주는 봉사를 할 수 있도록 자리를 마련하는데 봉사자에게도 듣는 아이들에게도 참 인기 있다.

열린 공간이 사람들을 연결한다

•

양육자모임이 활성화되기 위해서는 열린 공간이 필요하다. 그러나 동네에서 열리는 크고 작은 여러 모임을 동시에 감당할 만큼 여유 있고 넉넉한 공간이 있는 학교와 공공시설은 아마도 없을 것이다. 그래서 대부분 공공시설은 양육자모임에 공간을 빌려주는 것을 꺼린다. 혹시라도 발생할 어려움을 미리 걱정하는 것이다.

때로는 양육자모임을 지지한다고 말하면서도 공간 사용에 대한 엄격한 규칙을 가지고 있는 시설도 있다. 하지만 사람들은 공간이 비어 있는 상황을 자주 목격할 수도 있다. 이 경우 공간이 필요한 양육자들은 앞뒤가 맞지 않는 공공조직 직원들의 태도가 얄미울 것이다. 본인들 편하기 위해 비어 있는 공간도 빌려주지 않는다며 서운함을 느끼고 신뢰할 수 없는 파트너로 인식하게 될 것이다.

그러므로 학교와 공공시설에서 부족한 공간을 이웃들과 나눠 쓰기 위해서는 규칙이 필요하다. 공간 사용 규칙을 서로 간에 인지한다면 오해와 문제가 생길 여지를 줄일 수 있다. 우리는 공간을 사용하는 주체와 성격에 따라 우선순위를 명확히 해두었다. 어린이와 청소년이 가장 우선 사용할 수 있도록 하고 다음으로 주민들의 평생교육 강좌 및 모임 등에서 사용할 수 있도록 한다. 외에도 공간 내에서 지켜야 할 사항 등을 일러두는데, 어린이들에게도 사전에 잘 인지하도록 안내하면 규칙을 곧잘 따른다.

아이를
환대하는 마음

아이 환대는 없는 출생률 대책

출생율을 높이기 위해 정부와 지방자치단체는 사활을 걸고 정책적인 노력을 쏟아붓고 있다. 출산 축하금 지원, 어린이집, 방과후 돌봄 확대 등으로 부모가 양육 부담을 줄이도록 지원하는 형식을 띤다. 그럼에도 출생율은 점점 더 크게 줄어들고 있다.

정부의 지원은 사람들에게 양가적인 감정을 가지게 한다. 양육자는 고마운 마음이 들기도 하지만, 선별적으로 지원하는 방식이 복잡하고 정작 자신에게 맞는 지원이 부족해 아쉽다. 여전히 많은 기업이 육아휴직을 쓸 경우 불이익을 주고 있고, 업종별·지열별 특성에 따라 육아휴직 혜택을 받기 어려운 자영업자, 특수고용노동자 등 사각지대에 있는 사람들도 많다. 휴직을 '선택 한다'고 해도 받던 월 급여액에서 턱없이 모자라서 생계에 어려움이 있다. 그러다 보니 당사자인 많은 부모는 공무원, 교사, 대기업 정규직에게만 도움이 되는 정책만 여럿 제시되고, 나에게 진짜 필요한 지원은 없어 출산과 육아는 여전히 개인의 부담이라고 느끼게 된다.

아이를 낳지 않은 사람들은 어떤 마음이 들까? 이런저런 혜택을 받을 수 있으니 아이를 낳는 것에 긍정적인 감정을 가지게 될까? 금전 지원으로만 출산을 장려하는 국가 정책을 보고 있자면 마치 인구 유지를 위한 도구로 자신이 사용되는 것 같아 상처받기도 하고, 돈 걱정에 아이를 낳지 않는 속물 취급하는 것 같아 화가 나기도 한다. 그러다 보니 빡빡한 사회생활 속에 출산으로 육아휴직, 출산장려금, 주택청약 우선순위, 세제 혜택까지 받는 동료를 보면 응원하는 마음보다 손해 보는 마음, 고까운 마음까지도 들게 된다. 아이를 낳지 않는 이유에는 금전적 부담도 있지만 아이를 낳기 좋은 환경이 아니라고 느끼는 탓도 크다. 좋은 환경에는 물질적 환경뿐만 아니라 문화적·정신적 환경도 포함되는데 현재 경쟁적 사회와 자신의 처지를 볼 때 아이를 낳아 행복하게 살 자신이 없다.

출산을 장려하는 사람들은 "이 시대에 출산하는 사람은 애국자"라고 표현한다. 그러나 '출산은 곧 애국'이라는 표현은 출산은 하나의 책임감과 의무감으로 짐 지우려는 느낌이 들어서 정작 당사자에게는 기분 좋지 못한 말이다. 애국하려고 아이를 낳는 것은 아니지 않은가?

개인과 각 가정을 대상으로 지원하는 출산장려정책은 더 많이 필요하다. 하지만 제시되는 정책은 대부분 출산 직후를 지원하는 대책이고, 어린이집과 돌봄시설에서 아이를 부모 대신 돌봐주겠다는 정책이다. 아이와 함께 행복하게 살아가는 가족의 이미지는 그곳에 없다. 서비스가 없는 것보다야 낫지만 그마저도 모두가 누릴 만큼 충분하지는 않아서 기준에 맞는 사람에게만 선택적으로 제공된다. 서비스 수혜 대상이 되지 못한 사람들에게는 오히려 출산과 양육은 기쁨보다는 개인의 부담이라는 이미지를 더 크게 만들 뿐이다. 서비스만으로는 한계가 있다. 출산 기피 문화를 극복할 수 없다. 출생한 아이와 가족을 사회적 환대로 맞이하는 대책이 필요하다.

그것은 한 사람의 탄생을 축하하고, 서로 돌보는 사회적 양육의 도시로 전환을 이루어가는 길이다. 사람을 자원으로 여기는 인식과 출산을 강요하는 분위기를 바꾸고, 아이를 낳아 기르기 좋은 환경을 만들어주어야 한다. 동네마다 마음껏 뛰어놀 수 있는 공원과 어린이 놀이터, 체육시설을 만들고, 돌봄시설과 청소년센터, 도서관을 잘 만들어 운영하고, 아이들이 자신이 나고 자란 지역에서 안전하고 자유롭게 배우고, 놀며, 성장할 수 있도록 아이들 중심의 도시 문화를 만들어내는 일이어야 한다. 아이들 곁에 서겠다는 사람들의 선의를 끌어낼 수 있어야 한다. 자녀교육을 위해 더 경쟁을 선택하게끔 하는 것이 아니라 서로 돕는 양육문화를 만들어야 한다.

좋은 부모를 꿈꿀 수 있어야 한다

저출생에 대한 대처 방안은 분분하겠지만, 나는 문화적·정신적 환경에 대해 말하고 싶다. 우리나라는 최근 사회 전반적으로 노키즈 존이 확산되는 등 어린이와 양육자에 대한 시선이 곱지 않다. 아이를 낳고 기르는 일은 개인적 일인데 다른 사람들에게 불편을 끼친다는 정서가 퍼져 있다.

당장에 출생율을 높이려고 젊은 미혼자에게 금전적 지원으로 짐을 덜어주려는 방식이 아니라, 이미 출생한 아이들을 사회가 따뜻한 환대로 맞이하며 함께 키우는 사회적 양육구조를 만들어가는 적극적인 노력이 필요하다.

자신의 유년이 행복했다면 그 행복한 삶을 재생산하고 싶은 마음이 생겨나게 된다. 예비 부모 자신의 삶이 즐겁다면 선물 같은 삶을 아이도 누리게 해주고 싶은 마음이 들 것이다. 주변에서 자라는 행복한 아이를 보면 자신도 행복한 가정을 꾸리고 아이와 오순도순 사는 인생을 꿈꿔볼 수 있다. 하지만 우리 사회는 지금 불안과 과열된 경쟁으로 압력이 가득 차 있다. 정글 같은 세상을 헤쳐나갈 준비를 어릴 때부터 해야 하는 사회에서 아이를 낳아 길러야 하는 예비 부모의 막막함을 거두어주어야 한다.

저출산 시대에 양육자 개인의 경제적 부담을 일부 덜어주는 지원 정책이 점점 확대된다고 하지만, 내 자녀가 신체적·정신적으로 건강할지, 친구들과 사이는 좋을지, 공부는 잘할지, 제대로 된 직장은 가질 수 있을지, 학비와 주택 문제는 어떻게 해결할지 생각하다 보면 좋은 부모의 꿈은 멀어지고, 출산과 육아는 더욱 두려워진다.

어른들은 "전쟁통에도 다들 애 낳고 키웠어."라고 말하지만, 요즘 결혼과 출산은 이전보다 훨씬 더 많은 용기가 필요하다. 차라리 "나 혼자 산다."고 결심하는 편이 낫다고 여긴다. 적당히 경제적 능력을 갖추고서 누군가에게 서로 기대지 않고 사는 것을 현명하다고 느끼게 된다. "내 인생도 살기가 쉽지 않은데, 내 아이에게 더 어려운 인생을 물려주고 싶지 않다."라는 재생산을 포기하는 마음이 생기는 것이다.

'자기 아이는 자기가 돌보라'는 외면

●

나는 경기도 변두리에 살고 있다. 나를 비롯한 이곳에 사는 양육자들은 어린이돌봄공간과 어린이놀이터를 만들어달라고 몇 년째 지역 정치인과 지자체에 요구하고 있다. 양육자들이 모여서 포럼을 열고, 유휴 공간을 활용해서 어린이 돌봄시설을 만들어달라는 요구가 담긴 제안서를 지방자치단체에 전달했지만 소용이 없었다. 아이가 없는 다른 주민들의 의견이 다르고, 시설 허가가 어렵다는 등 여러 핑계를 대면서 꿈쩍도 하지 않는다. '아이들이 점점 줄고 있는 작은 동네에 무슨 어린이돌봄시설이냐.', '자기 아이는 자기가 돌봐야지.'라는 식의 발상이 지자체 공무원뿐 아니라 주민들 사이에도 깔려 있다.

그러나 아이들 수가 줄어들었기 때문에 모일 공간은 더 필요해졌다. 집 근처에 또래 친구가 여럿이 모여 살 때는 자연스레 친구 집에도 가고, 골목에서 만나 서로서로 어울려 놀며 돌볼 수 있었지만, 친구 집 사이 거리가 멀어진 지금 아이들은 집에서 혼자서 놀 수밖에 없다. 도시는 아파트를 동네 아이들에게 개방해서 시끄럽게 하는 것이 이웃들에게 폐를 끼치는 예민한 일이 되고 있다. 시골은 시골대로 도시는 도시대로 아이들이 모일 공간이 필요하다.

한국과 일본 두 나라 모두 소멸을 이야기할 정도로 심각한 수준이지만, 최근 발표된 자료를 보면 연간 합계출생률 한국 0.78명, 일본 1.27명으로 일본의 인구 상황은 그나마 우리보다는 나은 상태다. 한때 일본이 우리나라보다도 훨씬 낮은 출생율을 보였다는 것을 감안하면, 장기적 관점에서 일본이 펼치고 있는 노력은 참고할 부분이 있을 것이다.

일본의 복지정책 중에는 이바쇼(居場所) 만들기가 있다. 사는 곳이라는 사전적 의미를 가진 이바쇼는, '언제든지 갈 수 있는 아지트 같은 곳', '안심하고 머물 수 있는 곳'으로 쓰인다. 마을마다 이바쇼를 만들자는 주민들의 움직임을 지자체가 지원하고, 어린이 식당을 이웃들이 함께 궁리해서 만들고, 운영하기도 한다. 부모의 부담을 충분히 덜어주지는 못해도 사회가 양육에 함께 참여하는 분위기를 만들어가는 것이다. 미술관과 박물관 등에서 어린이가 먼저 입장할 수 있도록 하는 등 어린이와 양육자를 존중하고 배려하는 사회적 분위기를 조성하고 있다.

일본이 여러 도시와 작은 마을 단위에서 아이들에게 가족을 넘어선 다양한 이웃과 또래의 친구들과 연결될 공간이 필요하다는 데 인식을 같이하고, 아이들의 안식처가 되는 공간을 지역 주민과 지자체가 함께 힘을 모아서 만들어가고 있다는 것은 놀랍다. 우리로서는 배울 점이다.

우리 사회도 어린이를 둘러싼 도시의 환경과 문화를 바꾸는 새로운 사회적 육아 정책과 양육자 운동을 적극적으로 펼쳤으면 한다. 이대로 태어나는 아이가 계속 줄어드는 것을 마냥 보고만 있을 수는 없다.

페어런츠케어를 넘어 커뮤니티케어로

•

최근 늘봄학교라는 새로운 돌봄정책이 발표되었다. 어떤 변화를 만들어낼지 두고 봐야겠지만 페어런츠케어(부모돌봄)에서 퍼블릭케어(공공돌봄)로 전환하겠다는 대통령과 정부의 발표는 반갑다. 어린이 돌봄이 단지 부모의 몫이 아니라 여러 사람에게 두루 관련된 문제이기에 공공의 재원과 시설, 전문인력을 투입해서 적극적인 대책을 세우겠다는 의지는 칭찬받을 만하다.

그러나 전문가들이 만들어내는 서비스와 공간에 너무 오랜 시간 아이들이 머물게 해서는 안 된다. 아침 7시부터 저녁 8시까지 학교 건물 안에서 머물러 있어야 하는 아이의 입장을 생각한다면 우울해진다. 돌봄을 공공서비스로 전환해서 부모의 양육부담을 줄인다는 장점이 있지만 늘봄학교가 아이를 위한 최상의 선택이라고 말할 수는 없는 이유다.

어른에 의해 주도되고, 일방적으로 제공되는 돌봄서비스는 아이에게서 소중한 자유를 빼앗아버릴 수 있다. 아이는 놀이와 또래 문화의 생산자다. 자칫 아무것도 할 수 없이 받기만 하는 수동적인 대상으로 만들어서는 안 된다. 전문가들이 제공하는 질 좋은 체계적 돌봄서비스와 함께 아이들이 스스로 할 수 있도록 하는 느슨함이 필요하다. 아이들은 의존적 대상으로 머물러있기보다 스스로를 돌보고, 세상을 돌볼 수 있는 주체적 존재로 성장해가야 하기 때문이다.

퍼블릭케어를 강조하는 늘봄학교는 커뮤니티케어와 함께 구상되어야 한다. 인간은 사회 속에서 성장한다. 아이 양육은 부모의 부담이기도 하지만 기쁨이고, 아이는 행복한 삶을 살아야 할 공동체의 일원이다. 본래 돌봄은 부모와 공동체의 것이다. 부모의 돌봄 공백을 공공서비스로 보완해가는 노력과 함께 가족과 공동체의 돌봄 역량을 회복해가는 것이 병행되어야 한다. 후자가 더 자연스럽고 중요한 해법이다. 전문적 돌봄시설이 제공하는 연극, 체육, 바둑, 미술, 음악, 방송댄스 수업은 부모를 만족스럽게 하겠지만, 아이 돌봄을 일부 전문가의 일이자 담당기관의 성과와 실적으로 만들 수 있다. 차츰 아이가 공동체와 분리되는 결과를 초래할 수 있다.

우리는 부모와 지역사회가 어린이 돌봄을 주도할 수 있는 방안을 함께 궁리해가야 한다. 어른들은 동네 아이들을 환대로 맞이해줄 더 많은 공간을 만들고, 따뜻한 마음과 시간, 재주를 나누어줄 수 있는 이웃들이 아이와 연결되도록 해야 한다.

양육을 위해 부모를 아이 곁에 좀 더 일찍 돌려주는 방식은 어떨까? 일자리의 형태를 다양화해서 9시 출근 6시 퇴근 40시간제라는 경직된 형식과 틀을 깨고, 아이가 학교에서 돌아오는 4시 이전에 이른 퇴근이 가능하게 할 수는 없을까?

부모를 늦게까지 일하도록 하여 생겨나는 돌봄의 사회적비용으로 동네마다 부모와 함께 아이가 더 잘 놀 수 있는 안전한 환경과 공간을 만든다면 좋겠다. 동네 사람들이 함께 어린이잔치를 만들고, 아이들과 양육자들이 어울려 마을 어린이도서관에서 책모임을 하고, 이웃 어른과 함께 동네 산과 들과 계곡을 탐방하고, 작은 공원에서 친구들과 함께 공놀이와 숨바꼭질, 술래잡기 놀이를 할 수 있어야 한다.

지역아동센터, 방과후아카데미, 다함께돌봄센터, 늘봄학교까지 아이의 하교 후 돌봄을 담당하는 기관들이 다양해졌다. 모든 아동을 늘 돌보겠다는 늘봄학교를 제외하고는 나이, 소득 기준 등을 돌봄 아동 대상 선발에 적용한다. 어떤 돌봄은 경제적으로 어려운 아이들이 받고, 어떤 돌봄은 그렇지 않다는 식의 구분이 되지 않도록 돌봄 대상 기준과 돌봄 특성을 조정하는 것이 필요하다. 늘봄은 저학년 돌봄에 집중하고, 방과후아카데미가 초등학교 고학년 대상의 활동인 것처럼 지역사회 돌봄은 초등학교 고학년을 중심으로 해보자. 이때 동네마다 개설되어 있는 지역아동센터는 집중 돌봄 대상 아이들에게 힘을 기울여야겠지만, 아이들이 안전하게 여가를 즐기며 스스로 돌볼 수 있도록 지역 아동 누구나 자유롭게 이용하는 열린 공간으로 기능을 전환해가는 방안도 고려해볼 수 있겠다.

08

도시의 양육자에게
드리는 부탁

· 완벽한 부모가 되려는 강박은 버려주시고, 과도한 자책 또한
멈춰주세요.

· 학교 교육과 교사의 활동에도 빈틈이 있을 수 있다는 것을 인
정해주세요.

· 아이는 시행착오와 역경 속에서도 스스로를 돌보고, 성장하는
존재라는 것을 믿어주세요.

· 교육과 돌봄은 필요하지만 아이는 기계가 아니라서 쉼과 놀이
도 중요해요.

· 아이를 환대로 맞이하고, 친구들과 연결되는 마을 공간을 만

들어주세요.

· 체력, 지력, 심력을 키우는 운동, 독서, 경험을 권장해주세요.

· 아이가 학교와 학원 선생님 외에 다른 어른들을 만날 수 있도록 기회를 주세요.

· 다정한 이웃, 마을 교사, 선배 시민으로서 아이 곁에 서주세요.

· 불안과 경쟁을 재촉하는 사람은 멀리하고, 양육자의 품위를 지켜주세요.

· 희망을 이야기하고, 지속 가능한 세상을 위해 행동하는 사람들과 손잡아주세요.

똑똑한 부모는 갈수록 완벽함을 추구하려 한다. 육아서적을 독파하며 최선을 다하려 노력하고, 자신이 할 수 없는 일들은 전문가가 대행해주는 서비스를 구매해서 해결할 수 있다고 믿는다.

자녀에게 좋은 부모가 된다는 것은 중요하다. 그러나 부모 개인의 노력으로 모든 양육의 과정을 완벽히 해낼 수는 없다. 자녀는 부모 이외에도 다양한 사람을 만나고 큰 사회와 연결되어 자란다.

완벽할 수 있는 사람은 없다. 부모도 선생님도 양육자로서 아이에게 중요한 사람이지만 완벽하지 않아도 된다. 아이에게는 스스로 돌보고 성장할 수 있는 힘이 있다. 그 힘을 믿어야 한다.

"학원에 가야 해서 친구들과 놀 시간이 없어요."
"부모님이 다해주셔서 제가 해볼 기회가 없어요."

양육자는 놀 시간이 없고, 스스로 할 기회가 없다는 아이의 이야기를 민감하게 받아들여야 한다. 아이를 부모의 바람대로 움직이는 마리오네트로 키워서는 안 된다. 아이에게도 사생활이 필요하다. 자유롭고, 안전하며, 점수로 평가받지 않는 자유로운 공간은 아이에게 쉼과 회복을 가져다준다. 또래 친구들과 연결되고, 자신을 포장하거나, 숨기지 않고서 동네 이웃과 더 넓게 사귀며 사회를 경험하는 배움의 장이 되는 공간이 마련되어야 한다.

아이에게는 몸, 마음, 생각이 있다. 체력, 심력, 지력이 모두 중요하다. 지성을 키우는 데 지식 습득은 중요하지만 암기와 시험만이 해답은 아니다. 아이는 경험을 통해서 세상을 입체적으로 이해하고 종합적 지성을 키운다.

어른이 아이에게 제공하는 학습지도와 체험도 필요하다. 그러나 친구들과 함께하는 놀이와 활동과 스스로 만들어가는 경험으로 아이는 '내가 할 수 있다.', '우리가 할 수 있다.'라는 유능감을 느끼고, 공동체와 협동을 배우고, 자신의 개성을 찾아간다는 것을 양육자는 기억해야 한다.

아이가 학원 선생님께 인성교육, 진로교육, 삶에 대한 태도까지 배우고 있는 것은 한편 감사한 일이다. 하지만 학원 선생님 이외에 일상에서 만날 수 있는 어른이 부족한 현실은 슬픈 일이다. 유튜브에 나오는 유명 인터넷 학원 강사에게 전국의 청소년들이 삶의 교훈을 배운다. 그들이 틀렸다는 것이 아니라 다양한 사람을 만나고, 그들의 삶을 엿보며, 배울 수 있는 기회를 놓치고 있는 것이 아쉽다.

뿔뿔이 흩어져 각자 고충을 겪고 있는 양육자는 외롭다. 그러나 누가 먼저 어떻게 시작해야 할지 잘 모르는 상태다. 학교와 청소년 센터, 도서관 등 공공기관은 파편화된 도시의 양육자들을 이어줄 수 있다. 학교는 여러 사람이 함께 일구는 공동체며, 사회가 필요해서 만들어낸 공공의 교육 공간이다. 양육자가 좋은 이웃, 동네 선생님이 되어서 품앗이 하듯 내 아이와 더불어 동네 아이들과 만날 수 있다면 좋겠다.

양육자는 아이가 살아가는 도시와 학교의 새로운 문화를 만들어가는 데 힘을 모아야 한다. 교육은 개인과 사회를 동시에 바꾸는 일이어야 한다. 그러나 부모 혼자서는 변화를 만들 힘이 부족하다. 선생님도 마찬가지다. 학교에서 일하는 선생님들은 아이들을 가르치는 일에만 집중하기보다 더 나은 환경을 만드는 공동생산자로 양육자들을 초대하고 연결해야 한다. 삭막한 도시 아이들이 마음껏 행복할 수 있는 도시로 만드는 일은 도시의 양육자들이 함께 할 수 있고, 해야 하는 일이다.

아이와 함께 사는 삶의 기준을 바꾸다

1쇄 발행 2024년 5월 7일
2쇄 발행 2024년 6월 3일

지은이 이승훈

기획·편집 봉선미
마케팅 이지현
표지 그림 기뮈
디자인 스튜디오 포비
제작 (주)공간코퍼레이션

펴낸이 봉선미
펴낸곳 리더스 그라운드
출판등록 2023년 6월 20일 제2023-000114호
주소 서울시 중랑구 면목로 92길 27
이메일 partner@readers-ground.com

ISBN 979-11-987319-1-3(03370)